AI商业应用落地

肖忠海　陈耿宣◎著

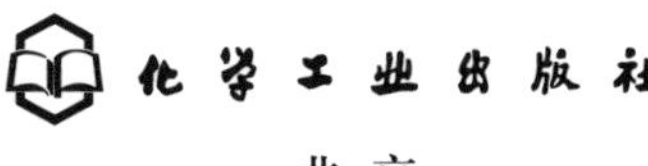

·北京·

内 容 简 介

随着人工智能技术的飞速发展，商业价值链即将发生根本性变革。本书基于人工智能应用的商业化实践，分析 AI 在不同行业和不同企业中的具体应用策略、工具和方法。全书分为 5 篇共 12 章，包含 AI 商业应用概述、AI 在不同行业的商业应用、AI 在企业管理中的应用、AI 商业应用场景与工具介绍、未来展望。附录部分提供了 AI 相关工具与资源推荐、AI 商业应用术语词汇表，以便读者查阅。

本书专为想在数字化转型浪潮中寻求 AI 商业机遇的企业管理者、创新部门负责人、市场营销专家、IT 技术人员，以及任何对 AI 如何重塑商业生态感兴趣的读者量身打造。无论您是传统行业的转型升级者，还是新兴科技领域的探索者，本书都将助您深入理解 AI 的商业潜力、应用场景、技术基础及未来趋势，从而在实践中有效运用 AI 技术，驱动企业增长，实现业务创新与突破。

图书在版编目（CIP）数据

AI 商业应用落地 / 肖忠海，陈耿宣著. -- 北京 : 化学工业出版社，2025. 1. -- ISBN 978-7-122-46433-0

Ⅰ. F716

中国国家版本馆 CIP 数据核字第 2024BE9481 号

责任编辑：夏明慧　　　　装帧设计：李　冬

责任校对：张茜越

出版发行：化学工业出版社（北京市东城区青年湖南街 13 号　邮政编码 100011）

印　　装：三河市双峰印刷装订有限公司

710mm×1000mm　1/16　印张 12½　字数 200 千字　2025 年 1 月北京第 1 版第 1 次印刷

购书咨询：010-64518888　　　　售后服务：010-64518899

网　　址：http://www.cip.com.cn

凡购买本书，如有缺损质量问题，本社销售中心负责调换。

定　　价：69.80 元

前言

谈及AI，或许您已耳熟能详，这一前沿技术正以前所未有的方式模拟、延伸并拓展着人类的智慧，其核心要素——计算能力、大数据、算法与场景，共同构筑了其强大的应用基石。然而，AI在商业领域的潜能超乎想象，它正以惊人的速度改变着人们的工作模式、商业策略乃至整个社会。

随着新兴生产力的蓬勃兴起，AI已跃升为驱动现代社会高速发展的核心引擎。其应用广泛渗透于各个领域，从日常的智能助手到前沿的自动驾驶技术，从精准个性化的医疗服务到高效复杂的金融风险管理，AI无处不在地重塑着我们的工作生态与生活方式。鉴于这一趋势，一本详尽且富有洞察力的AI商业应用实践指南，对于指导行业实践、促进技术落地具有不可估量的价值。

《AI 商业应用落地》专为想在数字化转型浪潮中寻求 AI 商业机遇的企业管理者、创新部门负责人、市场营销专家、IT 技术人员，以及任何对 AI 如何重塑商业生态感兴趣的读者量身打造。本书通过细致入微的剖析，引领读者深入了解 AI 在商业实战中的广阔应用，揭示其蕴藏的机遇与挑战。内容不仅涵盖了 AI 技术商业化的深度思考与应用策略，更前瞻性地勾勒出其在未来商业版图中的发展路径，为读者点亮了一盏探索 AI 赋能商业变革的明灯。

全书共分为 5 篇，涵盖了 AI 商业应用概述、AI 在不同行业的商业应用、AI 在企业管理中的应用、AI 商业应用场景与工具介绍、未来展望。开篇介绍了 AI 的商业应用机遇以及 AI 商业应用的基础知识，随后的篇章深入分析 AI 在零售业、短视频运营、电商直播中的具体应用，分析 AI 在企业运营、人力资源管理、市场营销等领域中的应用实践，同时介绍 AI 软件的实用案例、常用的 AI 软件及其功能解析，最后对 AI 商业应用的发展趋势作出了展望。

此外，本书还提供了 AI 相关工具与资源推荐、AI 商业应用术语词汇表，方便读者查阅。

笔者相信，通过阅读本书，读者将能够获得宝贵的知识和启发，不仅能够理解 AI 的商业价值，还能够掌握将 AI 技术应用于实际业务的技能。希望本书能够成为读者在 AI 商业应用领域的指南针，引领他们在未来的商业变革中把握机遇，实现价值的最大化。

在本书的撰写过程中，笔者得到了许多同行、专家和行业实践者的宝贵意见和支持，尤其是姚茂敦老师的大力支持和指导。借此机会，对他们表示衷心的感谢。同时，也希望读者能够提出宝贵的意见和建议，以便再版时修订，共同推动 AI 商业应用落地。

让我们携手踏入 AI 商业探索之旅，共创未来新篇章！

著 者

目录

第1篇 AI商业应用概述

第2篇 AI在不同行业的商业应用

第 3 篇 AI 在企业管理中的应用

第 4 篇　AI 商业应用场景与工具介绍

第5篇 未来展望

第1篇

AI 商业应用概述

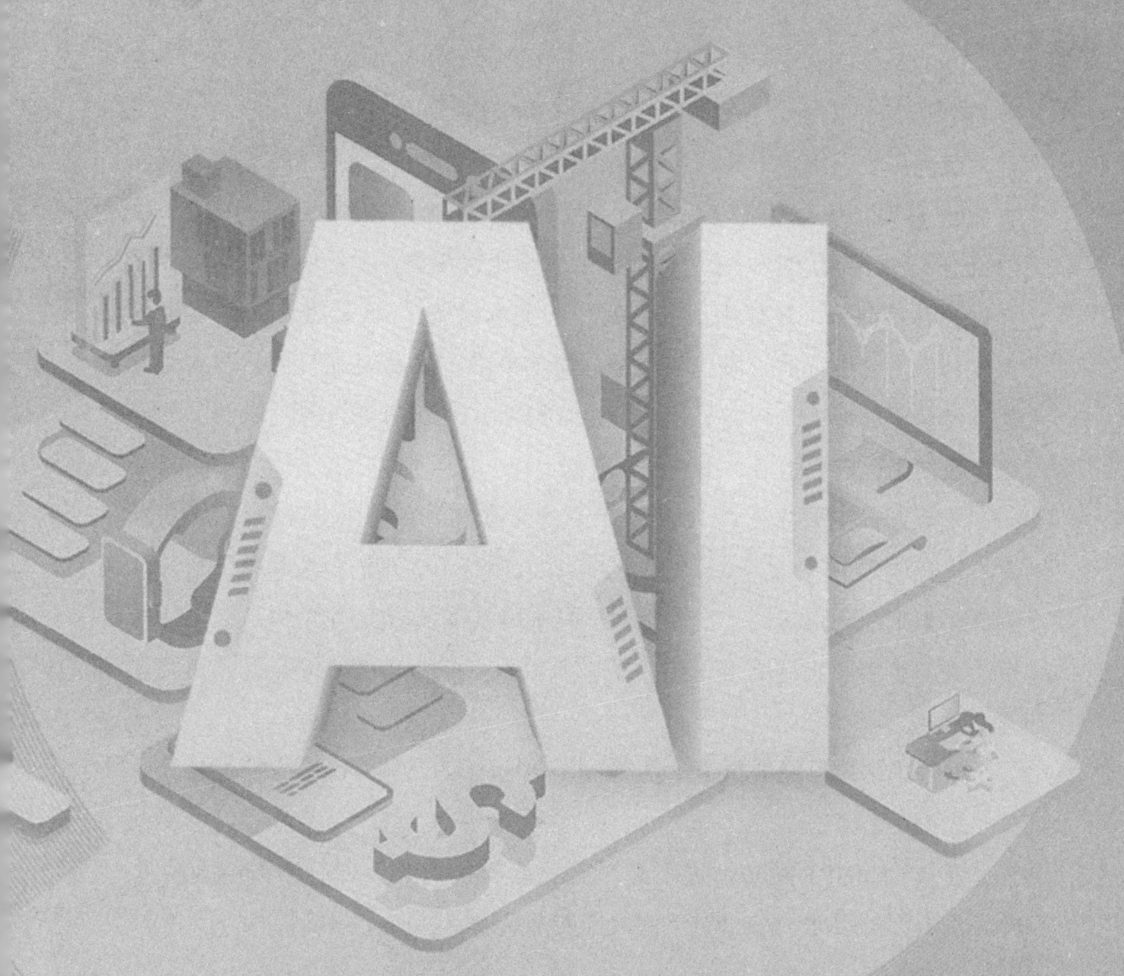

第 1 章　AI 的商业应用机遇

1.1　AI 的基本概念与趋势

AI（Artificial Intelligence，人工智能）是一种模拟、延伸和拓展人的智能的技术，主要包括四大要素：计算能力、大数据、算法、场景。2023 年，由 AI 生成的文字、图像及视频霸屏网络，因此，许多人将 2023 年称为“生成式 AI 元年”。国家语言资源监测与研究中心发布的 2023 年度“十大新词语”中，“生成式人工智能”居于首位。

2022 年 11 月，一款由美国 OpenAI 公司推出的名为“ChatGPT”的聊天机器人横空出世。仅仅两个月后，ChatGPT 3.5 的月活跃用户数就突破 1 亿，成为历史上用户增长速度最快的消费级应用程序。14 个月之后，OpenAI 官宣最强视频生成模型 Sora，引起了社会的广泛关注和热烈讨论。“我是 ChatGPT，一个由 OpenAI 公司训练的大型语言模型，我能够理解和生成文本并回答各种问题，还能生成创意写作和文本摘要。”这是将 ChatGPT 接入语音软件后，它进行的一段自我介绍。简单来讲，AI 就是让机器学习人类的智慧，使其能够像人一样做出反应。语言模型 AI，可以通过对互联网上的自然语言数据进行自主学习，不断强化升级。

一个人一生大概能看 10 亿个单词的文本量，而现在语言模型 AI 训练的文本量就达到 10 万亿个。目前，全世界大概有 100 万亿个互联网语料，有预测称在未来两到三年间，全部有效语料都将被注入语言模型 AI。这是一件非常惊人的事情。当这么多语料“喂”入以后，它的知识储备与记忆能力肯定远超人类。

据《华尔街日报》报道，各类 AI 应用程序的高调“出圈”使得又一场科技大战正在上演。

登录 ChatGPT 网站，你不必想着要选择什么关键词，就像和人聊天一样，输入你的要求，ChatGPT 便会即时应答。从《孙子兵法》到《三体》中

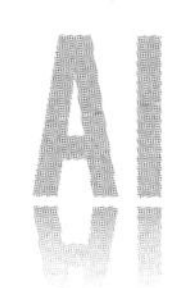

的各知识点，从“俄乌冲突如何化解”到“中国男足何时能捧起大力神杯”，ChatGPT 可以做到有问必答，简直就是一位“超级做题家”。

据《福布斯》报道，高达 89% 的美国学生承认在完成作业过程中用过 ChatGPT，甚至连总统发言稿，ChatGPT 也可以代笔。据牛津大学此前发表的一项研究表明，部分工作面临被人工智能取代的可能。其中，文秘、程序员、律师和翻译等职业可能会受到较大冲击。

ChatGPT 创始人山姆·奥特曼在他的博客中写道：在未来的 5 年里，会思考的电脑程序将会阅读法律文件或给出医疗建议。在接下来的 10 年里，它们将在流水线上工作，甚至可能互相成为伙伴。在那之后的几十年里，它们几乎会做任何事情，包括新的科学发现，这些发现将扩展我们对“万物”（everything）的理解。

1.2　传统企业对 AI 的期待和关注点

1.2.1　AI 赋能制造业

AI 推动了 IT 行业的巨大变革，给 IT 企业和他们的用户带来了诸多好处。AI 不仅赋能 IT 行业，更将赋能整个社会，涵盖人们的吃、穿、住、行等方方面面，有望把人类从繁复的简单劳动中解放出来，让全社会都能体验到智能科技的好处。

IT 行业为我们打造了数字化虚拟环境，而制造业塑造了我们的物质环境，影响几乎遍及社会的每一个角落。AI 被引入制造业之后，能够对物质世界进行数字化改造升级。

目前，制造业面临着种种挑战，如质量不稳定、生产设计缺乏柔性、产能管理困难以及生产成本上升等。AI 可以帮助企业改善质检流程（如自动质检的解决方案），缩短设计周期，打破供应链瓶颈，减少材料和能源浪费，并且提高产量。

1.2.2　AI 转型并不容易

当前，很多公司都在探索如何应用 AI，但 AI 转型之路并不容易。许多

AI 技术仍然很复杂，很少有团队能够完全理解并且有效地运用这些技术。在 IT 行业以外，AI 应用人才更是稀缺。

如果说通过 IT 来改造传统公司需要的仅仅是建立网站和应用程序，那么使用 AI 推动公司变革需要的远不只是搭建几个机器学习模型。AI 的综合战略，从数据采集到企业组织架构设计，以及如何确定 AI 项目的优先顺序，与技术本身一样复杂。优秀的 AI 应用人才甚至比优秀的 AI 技术人才更为难得。

1.2.3 AI 与“智造中国”

AI 引入制造业，将为“智造中国”及全球的制造业提供新的就业机会。关于人们如何在 AI 赋能的未来世界中工作，已经有很多的讨论。制造业的下一波浪潮将有别于之前的技术改革路径，制造产业的职位将更复杂，但个人也需要掌握更多新的技能。因此，员工需要接受大规模的培训或再培训。

AI 时代的人才培训是一件颇具挑战的事情，培训机构需要投入大量的时间和资源为有可能失业的工人创造再就业解决方案。然而，如何与包括地方政府在内的各种合作伙伴商谈培训计划，快速部署 AI 技术及提供培训方案，将是制造业面临的重大挑战。

对于发展中经济体而言，AI 可以帮助中小型生产企业参与到全球智能供应链中并从中获益，这些企业生产的产品从抗生素到自行车、电脑等不一而足，而产品的多样化有利于分担制造业人工智能转型成本。对于发达经济体而言，AI 与制造业的深度融合，也将为新一代产品、设备和用户体验的革新奠定坚实基础。

1.3 AI 在企业中的常见应用场景

2022 年 11 月，由 OpenAI 公司发布的 AI 语言模型 ChatGPT 使文本撰写和创作、检查程序代码等变得易如反掌。一年后，这家公司又发布首个视频生成模型 Sora。该模型通过接收文本指令，即可生成最长 60 秒的短视频：活泼可爱的萌宠、神秘莫测的海底世界、熙熙攘攘的夏日街区、充满科技感的魔幻都市……这些场景逼真、色彩丰富、氛围浓厚的短视频，全部由人工智能系统制作生成，视频的精度、仿真度极高，且兼具艺术性表达。

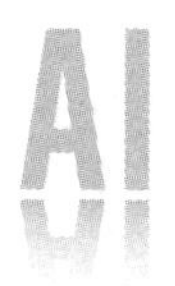

OpenAI 公司并未将 Sora 作为单纯的文生视频模型，而是视作“世界模拟器”，以期在实现 AGI（Artificial General Intelligence，通用人工智能）上取得更大突破。这或许意味着 Sora 模型还能够不断“进化”，去理解世界、理解事物的因果关系，未来将能够生产出时间更长的视频，并发展出构建物理世界通用模拟器的能力。

尽管在公开报道中关注 Sora 的企业高管、科技学者不在少数，但地方政府领导公开谈论 Sora 的场景并不多见。然而，在 2024 年杭州的“深化改革、强基固本”主题年推进大会上，杭州的政府领导却两次提及 Sora 模型。他不仅强调了数字经济在加速发展过程中抢抓人工智能机遇的战略意义，还明确表示杭州将致力于将人工智能时代的算力成本降到最低。地方政府领导对 Sora 的关注与讨论，充分表明了他们对人工智能巨大潜力的认可，并期望将其与地方经济工作紧密结合，以实现更大的发展。

人工智能已崛起为经济发展的关键驱动力。Sora 作为一款文生视频模型，在提升生产效率、融入移动互联网、变革数字经济生活等方面展现出巨大的商业潜力。数十年来，技术变革对社会发展的影响从来不是单一化的，而 AI 对产业的渗透更是无处不在，各行各业都必须保持对 AI 技术的高度关注。我们在惊叹 AI 技术迅速迭代的同时，更对其带来的社会变革和生活便利充满期待。

1.3.1　人才招聘

利用 AI 技术可大大优化招聘流程。如联合利华公司开发的在线面试平台，每年处理的工作申请超 180 万份。在面试第一阶段，AI 可以完成简历筛选、职位匹配、评估报告在线生成等工作，同时将应聘人员相关评估数据传递给人力资源部门，以便其筛选合格的候选人。在面试第二阶段，AI 可以通过视频软件对候选人进行评估，在候选人回答问题的 30 分钟里，软件应用自然语言处理（Natural Language Processing，NLP）和肢体语言分析技术，深度解析候选人的肢体动作、面部表情和语言表达。

员工入职后，AI 的作用还没有结束。有些企业采用 AI 技术促进员工的职业发展，为他们提供继续学习、参与公司新项目和建立职业联系的个性化机会。这也表明，AI 在人力资源管理领域拥有巨大潜力。

1.3.2 客服运营

事实上，AI 已经变成很多企业客户服务运营的首选工具，不仅能确保客户得到必要的及时响应，还可以缓解客户服务和呼叫中心的压力。麦肯锡报告指出，由于消费者期望的提高，大约 67% 的“千禧一代”（本书指 1982—2000 年出生的群体）希望得到“实时的客户服务”，而 75% 的客户则期望能获得“一致的跨渠道服务体验”。

AI 在中小企业中的应用变得越来越普及，尤其在个人 IP 打造、企业宣传、产品展示和企业运营等方面，AI 可以提高效率、降低成本并创造新的价值。

聊天机器人和语音助手等对话式人工智能工具的日益普及，不仅为客户提供了更好的支持，也大大减轻了 IT 支持人员的工作负担。例如，在企业客服领域，借助自然语言处理技术，使用开源框架或商业平台，创建企业专属的聊天机器人，并集成到企业官网、社交媒体或电商平台，全天候地响应客户查询，提供即时的客服支持，解答产品或服务相关问题。

1.3.3 市场分析与策略制定

通过机器学习，分析客户数据，识别消费者行为模式，定制更有效的营销策略。企业通过收集和整理客户互动数据，使用 AI 分析工具（如 Google Analytics 的高级功能）深入分析，可以提炼出有价值的商业洞察信息。

1.3.4 运营效率提升

AI 自动化工具如 Zapier 等可以优化企业内部的工作流程。人工智能是一种极有效的工具，能够使那些耗时长、易出错的流程自动化。比如，针对企业运营的标准化任务与重复性高的任务，如账单处理、库存管理等，可实现流程自动化。

为了应对工作量的增加，美国的大西洋卫生系统使用流程自动化技术，简化预授权流程——节约治疗时间，让医生和护士有更多时间专注于患者的

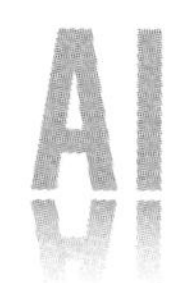

诊疗与照护，同时大大减少了授权流程的手动数据输入工作量，优化了整个组织的业务流程。

1.3.5　产品和服务创新

使用 AI 视频编辑工具，根据文本内容自动生成视频，可减少视频制作时间并降低成本。如谷歌公司的人工智能模型“巴德”就具备出色的创作能力，能根据用户输入的多个词语迅速生成一篇引人入胜的短篇小说或一首诗歌。2024 年 2 月，谷歌公司宣布“巴德”更名为“双子座”（Gemini）。这款多模态大模型不仅能够理解和组合文本信息，还能处理代码、音频、图像和视频等多种类型的数据，展现出强大的综合处理能力。借助 AI 视频制作平台，用户仅需提供文案和素材，AI 便能自动生成符合内容主题的视频。

利用 AI 辅助设计工具如 Adobe Sensei，可提高设计效率，完成创意方案的初步设计，并加速方案迭代，提升设计的创新性和吸引力，为产品和营销带来新的视觉体验。

通过这些具体的应用场景，企业可以根据自身的需求和资源情况，选择合适的 AI 技术方案，助力企业宣传推广、形象展示并优化运营管理，实现业务增长和效率提升。

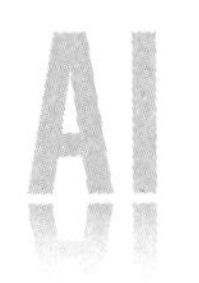

第 2 章　AI 商业应用的基础知识

2.1　人工智能与机器学习

2.1.1　人工智能的前世今生

人工智能只是模仿智能，不同于人类的学习行为。机器学习是实现人工智能的一种方式，而其中的深度学习在处理涉及非结构化数据的问题（如图像识别和自然语言处理）方面显示出强大的生命力。

（1）经典人工智能

区分机器学习和人工智能很重要，因为机器学习并不是创造人工智能系统的唯一手段，只是迄今为止较为成功的手段。例如，在该领域研究的早期，研究人员专注于构建符号人工智能系统，也被称为经典人工智能。这种创建智能系统的方法侧重于将世界表示为符号集合，将现实世界的问题转化为符号命题，让计算机使用命题逻辑来解决这些问题。假设我们可以将整个宇宙（或者至少是与特定领域相关的所有信息，比如医学）表示为符号和关系，则计算机可以用逻辑来解决这些问题。这种基于规则的系统构成了所谓的专家系统的基础，人工智能依赖于规则的层次结构来提供问题的解决方案。例如，假设一个医生在诊断一个病人，这些诊断通常也是基于规则的：如果患者有 X 和 Y 症状，他们的血糖高于 Z 值，那么他们患有 A 疾病。因此，人工智能在癌症的诊断、治疗和预防方面也能够发挥重大影响力。研究人员已经证明，算法在区分细胞是否癌变方面比人类做得更好。

尽管从理论上讲，我们可以将所有知识都表达为符号，但现实是人类对世界的理解非常复杂，明确地将所有人类知识和常识表述为一系列符号和关系将是一项艰巨的任务，有些信息也很难用符号来表示。例如，在图像分类中，应该如何将“2”以图像的形式描述为一个符号？虽然神经网络擅长这些任务，但简单地将问题转化为符号系统是困难的。这是二十世纪七八十年代

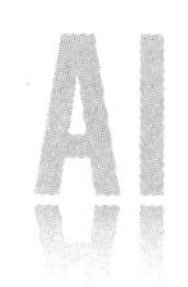

符号人工智能研究的主要局限之一。这些系统通常被认为是脆弱的（如无法处理超出规范的问题）、缺乏常识的，因此是不可推行的解决方案。

这些限制是第一次“人工智能寒冬”出现的主要原因之一，在这段时间里，由于研究未能令人满意地解决这些问题，大多数投入人工智能系统的资金都被撤回。因此，除了一些小众应用之外，符号人工智能已经过时，取而代之的是机器学习。机器学习专注于特定任务（即狭义的人工智能），但它提供了更强大的解决方案。在互联网时代，计算能力的进步和数据的激增也成为推动机器学习系统发展的重要因素。

（2）专家系统

在早期（直到 20 世纪 80 年代），机器学习领域仅限于所谓的专家系统，很少有其他系统已经突破常规计算的边界。专家系统领域的顶尖专家曾经这样定义专家系统：一种智能计算机程序，使用知识和推理过程来解决很难解决的，以至于需要大量的人类专业知识才能解决的问题。

尽管这些系统在需要重复且高度精确的领域，例如诊断、检查、监测和控制等，能够取代特定领域的专家，但如果我们将其与人类智能进行比较，就会发现它们并不是真正意义上的“智能”系统。原因是系统被“硬编码”为仅解决特定类型的问题，如果需要解决一个更简单但完全不同的问题，这些系统很快会变得完全无用。

（3）现代人工智能

说到人工智能，大家的第一反应可能是科幻电影里那些拥有人类智慧的机器人，但实际上人工智能可不仅仅是机器人。

人工智能是由约翰·麦卡锡（John McCarthy）于 1956 年提出的，当时的定义是“制造智能机器的科学与工程”。现在的人工智能是指“研究、开发用于模拟、延伸和扩展人的智能的理论、方法、技术及应用系统的一门新的技术科学”。人工智能就是让机器能够模拟人类的思维能力，让机器能像人一样去感知、推理与决策。时至今日，人工智能已经不再是一门单纯的学科，而是涉及计算机、心理学、语言学、逻辑学、哲学等多个学科的交叉领域。人工智能看起来是高深的科技，实际上是一个覆盖范围很广的概念。在日常生活中，早就有了各种人工智能，如自动驾驶、人脸识别、机器翻译等。

按照实力的大小，可将人工智能分为三类。一是弱人工智能（Artificial Narrow Intelligence，ANI），擅长于某个方面的人工智能，只能执行特定的任务。如人脸识别系统就只能识别图像，问它明天天气怎么样，它可不知道怎么回答。二是强人工智能，也叫通用人工智能（Artificial General Intelligence，AGI），类似于人类级别的人工智能，能够在多个领域表现出类似于人的智慧，能理解、学习和执行各种任务。目前，强人工智能尚未完全实现，仍是人工智能研究的长期目标。三是超人工智能（Artificial Super Intelligence，ASI），超越人类智慧的人工智能，在各个领域都比人类聪明，可以执行任何智力任务并且在许多方面超越了人类。尽管超人工智能在科幻作品中经常出现，但它只是一个理论概念，目前还没有实现的可能。

2.1.2 机器学习模仿人类学习过程

现代人工智能类似人的大脑，可以思考和决策。假想人工智能是一个小机器人，取名为小易（Easy），小易平时的主要工作就是帮忙完成我们懒得做或者做不好的脑力劳动。

首先，小易的“脑中”存储了海量数据——全世界所有图书馆的书籍、所有行业的知识，天生具有人类几千年的知识库，可以像人类一样地搜索、归纳与总结知识，并与其他机器人交流、交换、互动。其次，小易也爱学习，而且具有过目不忘的本领，这源于它有一套学习方法，即机器学习、深度学习、强化学习等。最后，小易也爱思考、做决策，有自己喜欢的思维框架，如 tensorflow、pytorch 等人工智能框架。这样，小易依据算法对自己存储的知识进行计算，它看得懂（计算机视觉），也听得见（自然语言处理），进而感知社会，自动构建“感知—认知—决策”这一具有反馈功能的链路。小易会根据自身的能力（CPU 的强弱、数据的大小、逻辑模型的优劣）对感知到的数据进行编译、加工，并给人类提供最优答案。

那么，小易是怎样模仿人的学习过程的呢？

不妨回忆一下人类的学习过程：上课——学习理论知识，进行知识输入；总结复习——通过复习，强化理解；梳理知识框架——整理知识，形成体系；

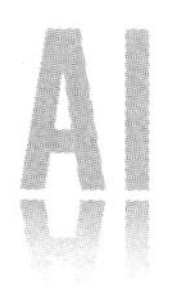

课后作业——通过练习，进一步加深理解；每周测验——检查掌握情况；查漏补缺——改善学习方法；期末考试——检查最终学习成果。

机器模仿人类学习，也要经过对应的七个步骤：数据获取，收集相关的数据；数据处理，对数据进行转换，统一数据格式；模型选择，选择适合的算法；模型训练，使用数据训练模型，优化算法；模型评估，根据预测结果评估模型的性能；模型调整，调整模型参数，优化模型性能；模型预测，对未知结果数据进行预测。机器模仿人类学习过程见图 2-1。

图 2-1　机器模仿人类学习过程

举个例子，如果我们想让计算机看到狗时能判断出是狗，就需要给计算机展示大量狗的图片，同时告诉它这就是狗。经过大量的训练，计算机会总结出一定的规律，当下次看到狗时，捕捉到对应的特征，能立即得出“这是狗”的结论。如果算法不够完善，可能会把猫误认为狗，这就需要计算机通过经验数据自动改进算法，从而增强预测能力。

简而言之，机器学习就是从数据中通过算法自动归纳逻辑或规则，并根据归纳的结果与新数据来进行预测。

2.1.3　五种机器学习类型

机器学习，顾名思义，就是让计算机从数据中学习。当人们谈论机器学习时，可以把它想象成计算机学习的方式，就像小朋友观察和练习绘画，学会绘画新技能一样。

想象一下，你有一个想学绘画的机器人。一开始，这个机器人不知道怎么画画，就像一个小孩不知道怎么画画一样。但是，当你给这个机器人看很多不同类型的画作，并告诉它哪些是好的，哪些是不好的时，这个机器人就开始学习了。它会从这些画作中找到规律和模式，逐渐提升自己的绘画技能。

简单来说，机器学习就是让计算机像小孩子一样通过练习和经验习得，变得越来越聪明和能干。这种技术可以帮助计算机做出更准确的预测、更智能的决策，让我们的生活变得更便利和高效。

机器学习，根据学习方式和目标任务的不同，分为五种类型：监督学习（Supervised Learning）、无监督学习（Unsupervised Learning）、半监督学习（Semi-Supervised Learning）、强化学习（Reinforcement Learning）、迁移学习（Transfer Learning）。

（1）监督学习

机器是怎么进行监督学习的呢？假设人们要训练“监督学习模型”机器人，让它区分猫和狗的图像。

第一步，数据准备。收集一个带有标签的数据集，其中包含大量猫和狗的图片——每张图片都会被标记为“猫”或“狗”，这样机器在学习时就知道每张图片对应的动物类别。

第二步，特征提取。从这些图像中提取特征，比如颜色、纹理、形状等，构成机器模型学习的依据。

第三步，模型选择。要让机器识别猫和狗的图像，需要选择一个适合的监督学习模型，例如支持向量机、决策树、神经网络等模型，这些模型能帮助机器从数据中学习，建立猫和狗图像之间的分类规则。

第四步，数据拆分。将上述数据集分为训练集（Training Set）和测试集（Test Set）两个独立的子集，目的是在监督学习中评估模型的性能。前者是让模型从训练集中的数据中学习特征和模式，建立数据的内在关系，以便“聪明”地预测各种结果；后者是用来评估模型性能的，用测试集的数据来评估/监督该模型对未见过的数据的泛化能力，进而了解该模型在真实场景中的预测准确性和泛化能力。

第五步，模型训练。将训练集中的图像和相应的标签输入模型，模型通过学习这些数据，建立猫和狗之间的分类规则。

第六步，模型评估。使用测试集的图像来评估模型区分猫和狗的准确性。

第七步，模型预测。当模型训练完成并通过评估后，可以预测未见过的

猫或狗图像。

第八步，模型优化。根据评估结果优化模型，通过调整参数甚至尝试不同的模型，以提高模型的性能和准确性。

通过上述八个步骤，监督学习模型从已标记的数据中学习，建立起输入数据和输出标签之间的关系，能够对未见过的数据进行“聪明”的预测。这种方法在图像识别、语音识别、自然语言处理等领域都有广泛的应用。

（2）无监督学习

“无监督学习”中的“无监督”指的是在训练数据中没有明确的标签或输出信息。换句话说，无监督学习的任务是从未标记的数据中发现模式、结构或规律性，这不同于监督学习的目的在于建立输入和输出之间的映射关系。

具体来说，无监督学习的特点包括：①无须标签。在无监督学习中，训练数据不包含标签信息，模型需要自行探索数据的结构和模式。②自主发现。无监督学习模型通过对数据的统计特征、相似性等进行分析，自主发现数据中的潜在结构或规律。③数据探索。无监督学习常用于数据探索和特征提取，帮助揭示数据中的隐藏信息、发现新的见解和知识。④应用广泛。无监督学习在聚类、降维、异常检测、关联规则挖掘等任务中有着广泛的应用，为各种领域的数据分析和挖掘提供了有力工具。

无监督学习的应用领域广泛，无监督学习的常见场景如下。

①聚类（Clustering）。根据数据集样本之间的相似程度，分成不同的组别（簇）。聚类在市场细分、社交网络分析、推荐系统等领域有着重要应用。

②降维（Dimensionality Reduction）。在数据分析领域，通常会遇到高维数据（数据包含大量特征或维度）。高维数据不仅增加了计算和存储成本，而且导致维度灾难（Curse of Dimensionality），使得数据分析和模型训练变得困难。因此，在实际应用中，通过降维——减少数据的复杂性、去除噪声和冗余信息、保留数据的主要结构，有利于提高数据分析的效率和模型的性能，发现数据中的潜在结构和模式。降维的常见方法包括主成分分析（Principal Component Analysis，PCA）、线性判别分析（Linear Discriminant Analysis，LDA）、t-分布邻域嵌入（t-Distributed Stochastic Neighbor Embedding，t-SNE）等。

③异常检测（Anomaly Detection）。它是一种关键的数据分析技术，用于识别数据中的异常或离群值，这些异常可能表示系统故障、欺诈行为或其他异常情况。在诸如网络安全、金融风险管理等领域，异常检测发挥着重要作用，能帮助组织及时发现潜在的问题和威胁。

④关联规则挖掘（Association Rule Mining）。它是一种数据挖掘技术，用于发现数据集中的频繁项集和关联规则，以帮助理解数据中的关联性和规律性。例如，在市场篮分析中，通过挖掘购物篮中商品的关联规则，商家可以了解顾客购买行为中的关联性，从而设计更有效的促销活动和商品搭配。在交叉销售中，关联规则挖掘可以帮助企业发现不同产品之间的关联性，从而提高销售额和客户满意度。

（3）半监督学习

半监督学习是一种学习方法，它结合了带有标签（已知结果）和未标签（未知结果）的数据。在半监督学习中，标签数据通常是稀少的，而未标签数据则相对丰富。利用未标签数据，模型可以更好地学习数据的分布和结构，从而提高学习效果。这种方法特别适用于标注数据成本高昂或标签数据难以获取的情况，因为利用未标签数据可以弥补标签数据的不足，降低模型训练成本。半监督学习的优势在于能够充分利用数据中的未标签信息，提高模型的泛化能力和性能，从而有效应对现实世界中的复杂问题。

在一个动物识别的学习场景中，小学生通常会接触到一些已经标记好的动物图片，比如狗、猫、鸟等，这属于监督学习的范畴。然而，有时老师可能无法为每张图片贴上标签，这时就需要运用半监督学习的方法。在半监督学习中，一部分图片已经被标记，而另一部分则没有标签。尽管并没有告诉学生这些未标记的图片里是什么动物，但学生仍然可以通过观察其特征（如颜色、形状等）来尝试将它们归为不同的类别。

通过将未标记的图片进行分组并观察它们的共同特征，学生们可以尝试推断出这些图片可能属于哪些动物种类。借助已标记图片的信息，他们可以学习到这些组别中可能包含的动物种类，从而提升他们识别动物的能力。这种方法使得学生能够通过自主学习和观察未标记图片来弥补标签数据的不足，

从而更全面地理解和识别不同种类的动物。这种学习方式不仅能够提高学生的学习效率，也培养了他们的观察和推理能力。

（4）强化学习

强化学习是一种机器学习范式，其核心思想是让智能系统（如机器人、程序等）跟环境互动，通过最大化累积奖励来学习最佳行为策略的机器学习方法。强化学习范式中的智能系统通过观察环境的状态、采取行动、接受奖励或惩罚来学习如何做出最佳决策，以获得最大的奖励。这种学习方式类似于训练宠物或孩子，模仿生物学习方式中的奖励和惩罚机制，其目标在于使智能体自主学习与优化策略行为，从而实现特定目标。

在强化学习范式中，智能体学习方式的五个关键要素如下：①环境与状态，环境被描述为智能体行动的场景，而状态则是环境的特定情况，智能体根据环境的状态来做出决策；②行动和策略，智能体根据当前状态选择行动，策略是智能体的行动规则的集合，目的是最大化长期奖励；③奖励和惩罚，智能体根据环境的奖励或惩罚信号来调整其行为，奖励信号指示智能体作出了正确的行动，而惩罚信号则指示智能体做出了错误的行动；④价值函数和学习算法，价值函数衡量了智能体在特定状态下采取特定行动的好坏程度，学习算法则用于更新和优化价值函数；⑤探索与利用，智能体需要在尝试最优策略的同时探索新的行动，以便更好地了解环境和提高学习效率。

（5）迁移学习

迁移学习是一种机器学习方法，允许将已学习到的知识（通常是模型参数或特征表示）从一个任务或领域迁移到另一个相关或不相关的任务或领域中。这种方法的主要优势在于能加速新任务的学习过程，特别是在新任务数据有限的情况下，可以通过利用已有知识来提升模型性能。

举例来说，假设一个模型已在大规模图像数据集上训练，用于识别动物，如狗、猫、鸟等，现在要把这个模型应用于一个新任务，即识别狼。由于狼在原始数据集中可能未被充分表示，可以利用迁移学习来解决这个问题。在这种情况下，通过迁移学习，保留已训练好的模型的一部分（例如卷积神经

网络的特征提取层），并在新的数据集上进行微调，以适应新任务——让该模型利用在大规模数据集上学到的通用特征，快速学习识别狼的能力，而无须从头开始训练整个模型。

机器学习的五种学习方法及其适用场景比较如表 2-1 所示。

表 2-1　机器学习的五种学习方法及其适用场景比较

特征	监督学习	无监督学习	半监督学习	强化学习	迁移学习
定义	使用标记的训练数据来学习模型	使用未标记的数据进行学习	同时使用标记和未标记的数据	通过最大化累积奖励来学习最佳行为策略	将已学知识迁移到另一个不相关任务
学习目标	学习输入到输出的映射关系	发现数据中的结构或模式	利用未标记数据提高性能，标记数据有限	使智能体自主学习与优化策略行为	加速新任务的学习过程，提升模型性能
算法示例	线性回归、逻辑回归、决策树等	聚类、关联规则、降维算法等	半监督支持向量机、标签传播等	Q 学习、策略梯度等	领域自适应 多任务学习 领域间知识迁移
适用场景	有大量标记数据可用，需要准确预测	数据无标记或标记不完整，寻找隐藏模式	标记数据成本高，未标记数据充足	需要通过不断尝试来学习	数据稀缺、领域相关性和差异性、模型泛化能力提升等
数据需求	带有标签的训练数据	未标记的训练数据	少量标记数据和大量未标记数据	无	无
优点	直接利用标记数据进行学习，准确性高	可用于发现数据中的模式和结构	有效利用未标记数据，降低标记成本	能够在不断尝试中学习适应环境	解决标注困难问题，避免从零开始训练
缺点	需要大量标记数据，标记成本高	难以评估结果的准确性	对未标记数据的利用效果有限	需要长时间的训练和调试	领域知识选择困难，负迁移，概念漂移
应用案例	垃圾邮件过滤、图像分类、房价预测	客户分群、异常检测、推荐系统	当标记数据有限时提高性能，如图像识别、语音识别	游戏中的策略学习、机器人控制	医疗影像分析、自然语言处理、无人驾驶汽车

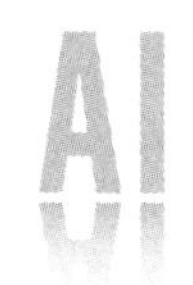

我们通过表 2-1 中的五种学习方法的简要比较就会发现，五种学习方法在学习目标、算法示例、适用场景和数据需求等方面存在差异。每种学习方法都有其独特的优势和适用场景，选择哪种学习方法取决于具体的问题和数据特点。

2.1.4　深度学习

行文至此，相信大家对机器学习已经不陌生了。那么，深度学习（Deep Learning）又是什么呢？它与机器学习有何关系？

深度学习是机器学习领域的一个新的研究方向，是通过多层神经网络来学习和理解复杂数据的算法，数据的特征可以被不断地提取，最终能够像人一样具有分析能力，如识别文字、图像和声音等，从而使机器更好地解决各种问题。

与传统机器学习不同的是，深度学习使用了神经网络结构，类似于人类大脑的神经元网络节点的数据处理与转换，神经网络的长度被称为模型的“深度”，因此基于神经网络的学习被称为“深度学习”。例如，机器通过深度学习，可以学到：①猫的深层表示，包括猫的圆脸、尖耳朵、条纹尾巴等；②狗的深层表示，包括狗的长脸、圆润身体、摇尾巴等。

深度学习算法有以下四种经典类型：①卷积神经网络（Convolutional Neural Network，CNN），常用于图像识别和分类任务；②递归神经网络（Recurrent Neural Network，RNN），适用于处理序列数据，如自然语言处理；③长短期记忆网络（Long Short-Term Memory Network，LSTM）：一种特殊的 RNN 结构，能够更好地处理长序列数据；④生成对抗网络（Generative Adversarial Network，GAN），用于生成新的数据，如图像、音频或文本。

深度学习在图像识别、语音识别、自然语言处理、推荐系统等领域取得了很大的成功，许多复杂的问题都可以通过深度学习模型来解决。深度学习的发展得益于计算能力的提升、大数据的普及以及算法的不断改进，已经成为人工智能领域的重要技术之一。

2.2 数据与算法：AI 的驱动力

2.2.1 智能时代的三要素：数据、算法和算力

近几年，人工智能技术飞速发展，被广泛应用于我们的生活和工作中，这归功于人工智能三要素（数据、算法和算力）的相互促进和支撑。

（1）数据

在人类发明史上，很多发明都是从模仿动物开始的，比如，模仿鸟类来实现人类的飞行梦想。历史上记载了各种各样的模仿鸟类飞行的故事，当然结果可想而知，都以失败告终。我们把使用这种方法论的人统称为“飞鸟派”。

早期的人工智能研究基本上都是“飞鸟派”，试图让计算机模仿人类的思维模式来获得智能。比如说当时的语音识别研究，几乎所有专家的精力都集中在教会计算机理解人类的语言，研究进展缓慢。

20 世纪 70 年代初，美国康奈尔大学贾里尼克教授做语音识别研究时另辟蹊径：他将大量的数据输入计算机，通过大数据进行快速匹配，以此来提高语音识别率。于是，复杂的智能问题转换成了简单的统计问题，然而处理统计数据正是计算机的强项。从此，学术界开始意识到，让计算机获得智能的“钥匙”是大数据。

数据对于人工智能的重要性，就如食材之于美味菜肴的重要性，人工智能的智能都蕴含在大数据中。人工智能的根基是训练，如果训练从未有过的场景，人工智能则基本处于瞎猜状态，正确率可想而知；只有经过大量的训练，才能总结出规律，才能将其应用到新的样本上。如同人类要获取一定的技能，必须经过不断的训练才能获得。对于人工智能而言，覆盖各种可能场景的大数据十分重要，唯有如此，才能获得智能模型。

目前，在信息大爆炸时代，每时每刻都在产生大数据。人手一部的手机、无处不在的摄像头和传感器等设备都在产生和积累着数据，这些数据形式多样，需要进行大量的预处理过程（特征化、标量化、向量化），处理后的数据才能为人工智能算法所用。

（2）算法

传统的物体识别模式是，由研究人员事先将物体抽象为模型，然后用算法表达，输入计算机。这种人工抽象的识别模式正确率低，局限性明显。

幸运的是，科学家从婴儿身上得到了启发。没有人教会婴儿怎么“看”，但婴儿自己学会了理解真实世界的五彩斑斓。如果把孩子的眼睛比喻为一台生物照相机，平均每 200 毫秒（眼球转动一次的平均时间）就拍一张照。到孩子 3 岁的时候，这台生物照相机已经拍摄过上亿张真实世界的照片。这给了科学家很好的启发：能不能给计算机看非常多的关于猫的图片，让计算机自己抽象出猫的特征，自己去理解什么是猫。

这种方法被称为机器学习，如谷歌开发的猫脸识别系统，准确度非常高。除了应用在对象识别领域之外，机器学习也在其他领域应用广泛，如在搜索引擎、语音识别、自然语言处理、图像识别、推荐系统、专家系统和无人驾驶等领域都取得了长足进步，机器智能水平得到极大提升。

算法与人工智能的关系犹如厨师（烹饪的方法）与美味菜肴的关系。算法是实现人工智能的根本途径，是挖掘数据智能的有效方法。

（3）算力

算力也就是计算能力。算力与人工智能的关系，如同厨房的煤气 / 电力 / 柴火与美味佳肴的关系一样。有了大数据和算法之后，需要不断地训练。算力为人工智能提供了计算能力的基本支撑，本质上是一种基础设施的支撑。

AI 中有一个术语叫 Epoch，一个 Epoch 就是所有训练样本在神经网络中都进行一次正向传播和一次反向传播，再通俗一点说，一个 Epoch 就是将所有训练样本训练一次的过程。

把训练集从头到尾训练一遍，神经网络就学会了，那是“神童”，是不可能出现的，必须将完整的数据集在同样的神经网络中传递，把训练集翻过来、调过去训练，经过多轮训练，神经网络学习才能找到规律，变得“聪明”。神经网络学习，就像和小孩讲道理一样，讲一遍肯定学不会，必须一遍一遍地反复讲。

有了大数据和先进的算法，还得具备处理大数据和执行先进算法的计算能力。每个智能系统背后都有一套强大的硬件或者软件系统。

人工智能的发展对算力提出了更高要求。除了训练，人工智能算法、推理等功能都需要算力支撑。然而，具有超强计算能力的超级计算机的价格极其昂贵，不是一般人能使用得起的。

目前，人工智能算力主要由专用的 AI 硬件芯片，以及提供超级计算能力的公有云计算服务提供。其中 GPU（图形处理器）领先其他芯片，凭借更高的并行度、更高的单机计算峰值、更高的计算效率，在人工智能领域中得到广泛应用。一般来说，GPU 浮点计算的能力是 CPU（中央处理器）的 10 倍左右。深度学习加速框架在 GPU 之上优化，可以再次提升 GPU 的计算性能，有利于加速神经网络的计算。

云计算是基于互联网的分布式超级计算模式，是计算能力的放大器。在远程数据中心，成千上万台服务器连接起来组成一个云，协同计算。云中的单个计算机性能可能非常一般，甚至就是普通电脑，但是它们加在一起的计算能力却不容小觑。将 GPU 和 FPGA（现场可编程门阵列）的计算能力部署在云端，对外提供云服务的优势将更大。云计算甚至可以让你体验每秒 10 万亿次的运算速度，计算能力堪比超级计算机。

当前，随着人工智能算法模型的复杂度和精度越来越高，互联网和物联网产生的数据呈几何级数增长，在算法模型和数据规模的双层叠加下，人工智能对算力的需求越来越大。

毫无疑问，人工智能走向深度学习，算力已成为评价人工智能研究成本的重要指标。可以说，计算力就是生产力。

2.2.2　云计算、大数据与 AI

从人工智能的三要素来看，我们可以进一步解析出云计算、大数据和人工智能之间的关系。为了简洁和有助于理解，不妨以炒菜为例来说明它们之间的关系。

大数据相当于炒菜需要的食材，也就是生产原料。云计算等算力就相当于炒菜需要的煤气 / 电力 / 柴火，人工智能算法就相当于烹饪的方法，算法和算力构成了生产引擎。有了生产原料和生产引擎，就可以在不同的应用场景

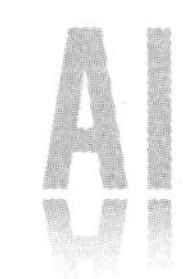

生产出我们所需要的东西。

2006 年，欣顿（Geoffrey Hinton）等提出的深度学习算法，实现了人工智能算法理论的创新突破；移动互联网的普及，催生了 AI 所需的“大数据”；大数据和深度学习算法的双剑合璧，以及摩尔定律的算力提升——以大数据、算力、算法作为输入，实际场景的应用作为输出，人工智能的实际价值驱动人工智能技术的快速发展。

人工智能的常见应用场景包括自动驾驶、虚拟助理、金融服务、医疗和诊断、设计和艺术创作、合同诉讼等。应用场景的差异决定了人工智能的应用落地效果不同。同样是物流分拣中心，规模不同、信息化基础不同、企业数据不同、人员素质不同，对人工智能的要求及人工智能所发挥的作用也自然不同。

发展到如今，人工智能仍然是受限于深度学习算法、依赖于大数据喂养起来的“小怪兽”，人工智能具备自我学习能力还遥遥无期。因此，AI 对人类的替代甚至威胁，还远没有达到让人类担忧的地步，当前大家探讨最多的还是 AI 在各个领域的应用价值。

2.3　AI 如何增强企业的学习能力

20 世纪末到 21 世纪初，短短三四十年，社会就经历了几轮重大科技变革：计算机、PC（个人计算机）与互联网、智能手机与移动互联网、电商物流与社交媒体以及正在进行中的数据要素与人工智能。企业要想快人一步抓住商机，吃到红利，AI 技术是必要的“利”器之一。

从第一次工业革命到今天的人工智能变革，领头企业在商业新范式下不断生长，但也有不少“顽固派”努力尝试、不断重复落后的思路和工具，结果是差距越来越大。不管你承不承认，AI 已经对我们的日常生活和工作产生了重大影响。正确地使用 AI，可以帮助我们整理数百万甚至数十亿的数据点，帮助企业更好地做出决策，让我们专注于更高层次的任务和更重要的工作。

AI 并不只是好莱坞电影中冷冰冰的机器人，现实情况是，AI 的发展为重塑工作方式带来了无限的可能性，包括任务执行的自动化、基于数据的预测、智能生成工作需要的内容等。与此同时，在企业人才发展和数字化学习领域，AI 也发挥着越来越重要的作用。

2.3.1 AI 重塑企业学习的 5 种方法

（1）实时提问

企业员工学习平台深度融入 AI 技术，实现了对学习者查询的高效处理与即时回应，涵盖逻辑推理、专业咨询和概念澄清。此外，AI 将通过建议来帮助学习者发现企业内外部资源，最大限度地节省手工完成这项任务所需的时间和精力。

（2）自然语言处理

学习者可以与嵌入到各种电子学习平台的 AI 助手进行交互。当学习者与学习平台交谈时，AI 系统“听到”语言，能够理解完整句子的内涵。此外，AI 驱动的虚拟教练能够理解各种发音、语言、背景声音以及人类声音的变化等。

（3）快节奏和高效的学习

任何技术的目标都是在不牺牲质量的情况下做得更好更快。这正是 AI 在培训方面所做的事情：通过消除各种执行障碍，而不是牺牲学习体验，加快学习过程，提高学习的效率。

（4）内容发现

除了自动化过程之外，AI 还展现出卓越的内容分析能力，能够深入在线学习系统及教育市场，为特定学习者群体精准挖掘新颖的学习资源，如在线课程和教学素材等。同样地，AI 也能够在社交平台学习特定的内容或参与问答环节，学习如何产生积极的结果，然后将其应用于新的任务，为学习者提供新的、高度个性化的学习路径。

（5）内容生成

AI 能够智能地针对企业独有的内容资源，如操作指导书、产品手册、培训资料等，自动生成相应的学习资源、问题解答、考试测验等。此外，AI 还可以从一篇较长的文章中提取和总结关键点，并丰富每个部分及与之相关的

网络内容，或被 AI 证明为高价值的内容。

AI 还有许多其他方式可以让企业管理人员把更多的时间集中在核心战略和关键决策上，从烦琐、冗杂的管理任务中解脱出来，在显著提升工作效率的同时产生更好的工作体验。

2.3.2　AI 的数据管理能力放大企业价值

数据管理能力是指数据收集、数据分析、未来预测的能力。

数据收集，其核心含义是根据需求和目的完成信息筛选，诸如政策消息、行业数据、市场数据、消费者反馈、竞争对手信息等。从最基本的与人交流、网络爬取，到现在利用 AI 去完成信息搜集。即使不会 Python、不懂代码，只需要用自然语言描述出需求，AI 就能帮你做好一切准备，只需按下“运行”键，就可以坐等数据结果。

数据分析，即利用公开获得的数据进行深度分析，以获得商业决策依据或形成新的数据类型产品。这部分就是数据收集之后的加工工序，就像制造业中将原材料通过流水线之后变成成型的产品。如果用于企业内部，数据分析结果可以作为企业决策的重要依据；如果用于企业外部，数据分析后的“新数据”就变成可销售的数据产品。AI 工具可以理解成数据流水线，大量标准化、重复性的工作完全可以交给它来完成。

未来预测，即根据历史数据的经验规律或构建新的数据模型，进行未来趋势的预测。通常由员工自己加工的预测报告，要么是为了迎合上层目标而夸大数据，要么是为了掩盖问题而美化数据。即便有审核人员进行验证、比对历史数据，也是十分费力的活儿。AI 工具可以快速遍历数据库中的各时期数据，高效完成总结工作，并且进行未来趋势的推演。

2.3.3　AI 工具增强复合型人才生产力

复合型人才对于新领域新专业的学习能力，可借助 AI 工具进行指数级放大。在企业中，老板往往被认为是公司全能的人。这个全能不代表他需要亲自完成财务报表、写技术代码、做业务对接，而是他知道如何分工，并且能读懂各项工作的产出成果。当企业决定推出新产品、组织新业务或者开展行

业调研时，负责人和参与人员都需要面对新领域的信息。此时，学习能力的快慢，意味着把握商机的快慢。员工一天只能看 5 篇研报，做 3 个访谈，写 1 篇报告，交给 AI 能够直接获得 100 倍的产出。掌握 AI 工具的人再也不会惧怕新事物、新挑战，对于中小企业来说，敏捷灵活的业务方式往往会创造出关键的机会；对于个体来说，快速的跨界学习能力可以塑造“超级个体”——有事不求人，全部自己来。

2.3.4 利用 AI 工具快速学习、消化和创新的案例

在瞬息万变的市场中，少数企业领航趋势，而多数企业则需敏锐洞察，迅速响应热点以抢占市场份额。此时，企业的学习敏捷性与模仿创新能力直接关联着其市场地位。紧跟潮流，意味着赢得先机。

学习不仅限于商业模式，更深入到产品架构与代码逻辑的精髓。以往，对于非技术背景的我而言，理解代码编程是道高门槛。但借助 AI 工具，特别是 GitHub Copilot 这样的革命性辅助工具，我能够轻松导入 GitHub 项目源码，让 Copilot 进行智能分析并提供详尽的自然语言注释。这一过程极大地缩短了我与技术之间的距离，使我能够迅速把握项目逻辑，进而激发构思新产品的火花。

以企业关键岗位为例，系统编程人员与产品设计人员若能熟练掌握 GitHub Copilot 等 AI 工具，将实现技能跨界融合，成为推动企业快速迭代的“超级个体”。他们不仅能够加速个人成长，更将这股力量汇聚成企业创新升级的强大动力，引领行业潮流。

综上所述，AI 工具在数据管理、复合能力培养以及热点项目快速消化等方面展现出的巨大潜力，正逐步改变着各行各业的面貌。它不仅是技术进步的象征，更是企业转型升级、持续领先的关键。

第 2 篇

AI 在不同行业的商业应用

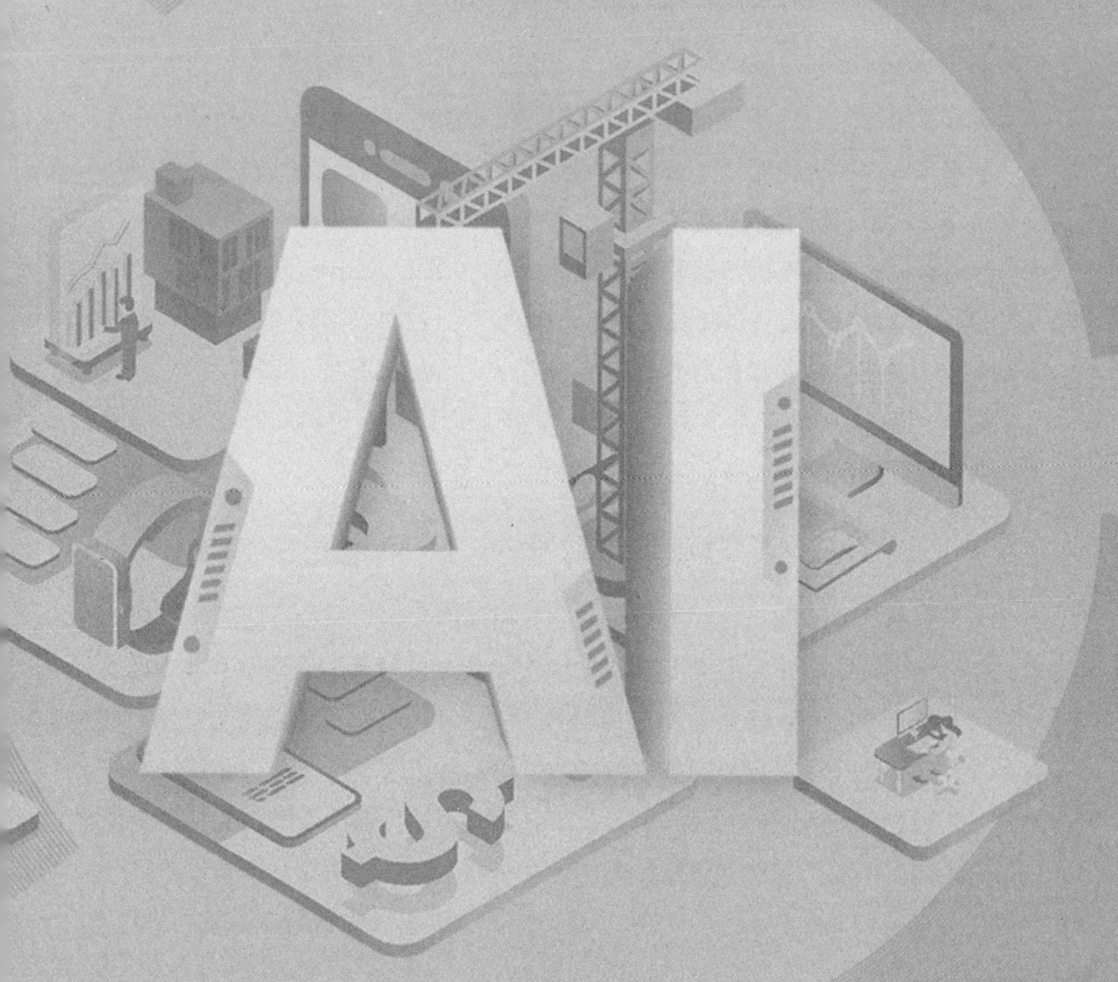

第 3 章　AI 在零售业的实践

在信息大爆炸时代，智能推荐系统已经成为人们日常生活中不可或缺的一部分。无论是在线购物、音乐视频流媒体服务，还是新闻阅读和社交网络，智能推荐系统都在默默地为我们提供个性化的服务和内容。那么，智能推荐系统是如何运作的？它的效果又如何呢？本章将带你一起探索智能推荐系统的奥秘。

3.1 智能推荐系统的运作与效果

智能推荐系统是一种利用算法和模型为用户推荐个性化内容的技术。其目标是根据用户的历史行为、偏好和特征，预测可能喜欢的物品或服务，从而提高用户体验和满足需求。智能推荐系统广泛应用于电子商务、社交媒体、音乐、电影、新闻等领域。

智能推荐系统的终极目标是提升 DAU（Daily Active Users，日活跃用户数）。通常情况下，DAU 与留存呈正相关，但与 DAU 指标相比，留存有很多优点，需要关注并优化。然而，留存需要一天以后或者一段时间后才能被观察到，且只能观察到噪声较大的指标，因此，比留存指标反应灵敏、反馈迅速、容易测试的使用时长可以作为留存的近似指标。

3.1.1 智能推荐系统的两个阶段

智能推荐系统一般将推荐算法业务流程拆分为召回和排序两个阶段（有些公司还将排序分为粗排和精排）。为什么要这么做呢？这样做有什么好处？可以从多个角度来解释这么做的价值。

召回就是根据用户的部分特征，采用多种策略和方法，快速从物品库中挑选用户可能喜欢的物品，包括几十甚至几百种物品。排序则会使用复杂模型，应用不同的算法和策略，筛选各种召回结果，采用算法模型重新打分排序，将得分最高的几十个甚至几百个结果作为最终的物品精准推荐给用户。

召回强调“快”，排序强调“准”。通过召回，事先就从海量的全物品库中过滤出了用户可能喜欢的物品，这大大减少了排序阶段需要处理的物品数量，见图 3-1。

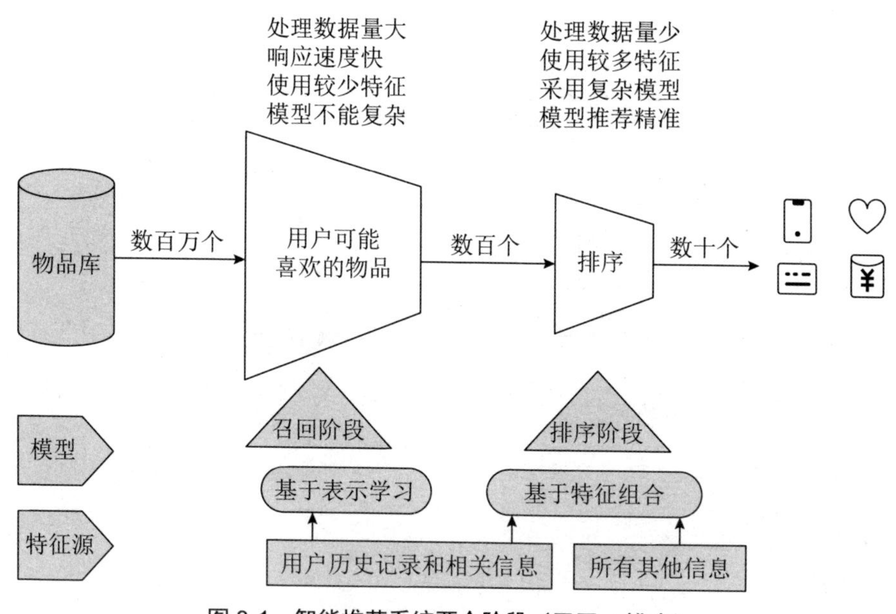

图 3-1　智能推荐系统两个阶段（召回 + 排序）

召回阶段的主要目标是将用户可能喜欢的物品筛选出来，目的是不要漏掉用户可能会喜欢的物品。召回采用的方法和策略较多，如基于内容标签的召回、基于用户画像的召回、基于用户最近行为的召回、基于热门内容的召回、基于地域（或者位置）的召回、基于特殊事件的召回等。不同召回算法考虑的是用户兴趣点的某个方面，那么用多种召回算法就可以更好地覆盖用户更多样化的兴趣点，最终将用户喜欢的所有物品筛选出来，避免遗漏掉用户重要的兴趣点。

召回阶段就是利用了多个模型，可能每个模型刻画的是用户兴趣的某个方面，它不太准，但是没关系，只要找准了用户的某个兴趣点就够了。如果从统计思路看，人工智能推荐系统的每种召回算法相当于一次随机变量的抽样（抽样的是用户的兴趣这个随机变量），都存在误差，但在排序阶段会将这些召回算法的结果整合起来，各个召回算法的误差可能会相互抵消，最终获得最有利于描述用户兴趣的结果。排序阶段只对召回阶段筛选出的（少量的）物品进行打分，因而应选择效果好的、精度高的、复杂的算法模型（比如深度学习模型等），集中精力提升模型效果。推荐系统两阶段模型如图 3-2 所示。

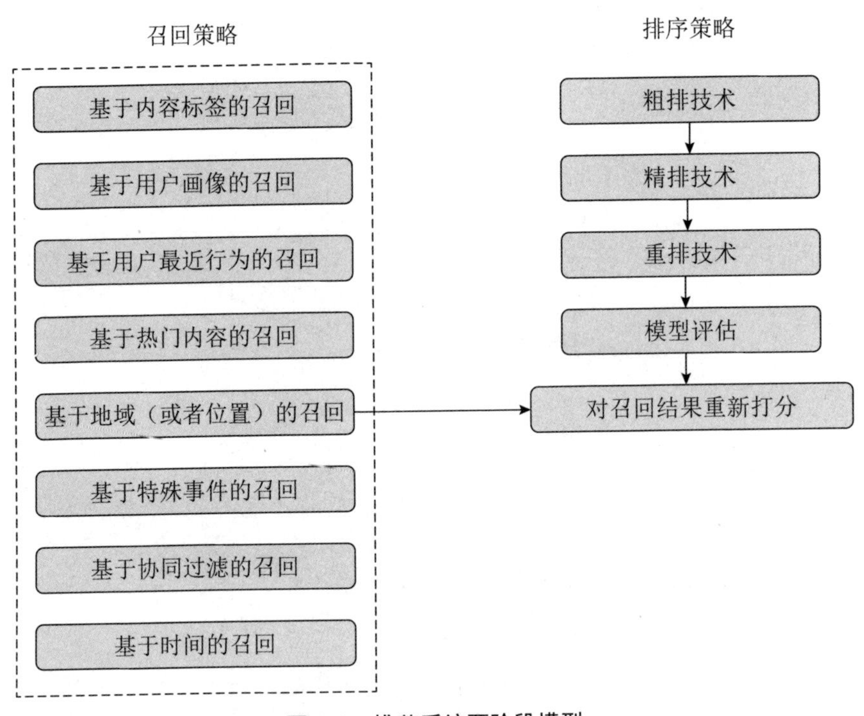

图 3-2　推荐系统两阶段模型

随着深度学习技术的发展，复杂推荐模型在特征预处理、推断时间花费、推荐服务延迟等方面有着更高的要求。举一个推断时间花费的例子，在一个用户规模和物品规模都非常大的应用场景中（比如抖音、淘宝等），用一个复杂的深度学习模型去对每个用户物品组合进行打分是非常耗时的，也不现实。如果召回阶段事先筛选出了少量的用户可能喜欢的物品，那么排序阶段的工作量就小了很多，整个推荐过程也将更加高效。在追求极致时效性的实时推荐场景下，对推荐算法的细致拆解与优化显得尤为重要，它是实现近实时推荐推断的关键，不可或缺。

推荐系统作为偏工程的计算机与机器学习的交叉学科，将人工智能推荐算法流程拆分为召回和排序两个阶段，相应地将其分解为两个相对独立的子系统，分别对每个子系统进行迭代、优化、升级，不仅有助于提高问题解决

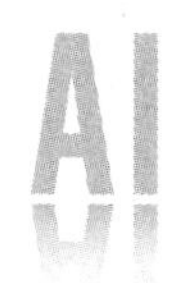

的效率和质量，而且有利于进行精细化的任务安排和人员职能分派，以及系统的开发与维护。

3.1.2　智能推荐系统的主要技术点

智能推荐系统不仅能有效缓解信息过载问题，而且能挖掘数据的潜在价值，将个性化信息推送给有需要的用户，从而提高信息利用率。然而，智能推荐系统也面临着一系列挑战，如数据稀疏性、冷启动问题以及模型的静态性等。为了克服这些挑战，研究人员提出了多种解决方案，如利用隐反馈信息学习用户的兴趣偏好、考虑用户社交关系及兴趣偏好对推荐结果的影响，以及采用深度强化学习模型来优化推荐过程。

智能推荐系统推荐算法分为三大类：基于内容的推荐、协同过滤推荐以及混合推荐方法。基于内容的推荐系统通过分析用户的历史行为和偏好，结合物品的属性信息，来预测用户可能感兴趣的内容。协同过滤推荐系统则是通过分析用户之间的相似性，找到与当前用户兴趣相似的其他用户的喜好，从而进行推荐。混合推荐方法则是将上述两种或多种方法结合起来使用，以期达到更好的推荐效果。

智能推荐系统的主要技术点包括：①协同过滤（Collaborative Filtering），包括两种，一种是基于用户的协同过滤（User-Based CF），即利用相似用户的历史行为为用户推荐物品；另一种是基于物品的协同过滤（Item-Based CF），即利用物品之间的相似性为用户推荐相似的物品。②内容过滤（Content-Based Filtering），利用用户历史行为和物品的内容信息，推荐与用户过去喜欢的物品相似的物品。③混合推荐（Hybrid Recommendation），将不同推荐算法结合起来，以克服各种算法的局限性，提高整体推荐性能。④矩阵分解（Matrix Factorization），通过将用户—物品交互矩阵分解为低秩矩阵的乘积，学习用户和物品的隐含特征，以进行推荐。⑤深度学习（Deep Learning），使用深度学习模型，如神经网络，来学习用户和物品的复杂表示，以提高推荐的准确性。⑥时序模型（Temporal Models），考虑用户行为的时序信息，例如用户的历史行为随时间的演变，以更好地捕捉用户的兴趣变化。⑦多臂老虎机算法（Multi-Armed Bandit Algorithms），通过在探索和利用之间进行权衡，动态地调整推荐策略，以适应不断变化的用户偏好。⑧实时推荐（Real-time Recommendation），考虑实时性，通过快速响应用户行为和动态更新模型，提供实时的个性化推荐。⑨评估指标，使用合适的评估指标来衡量推荐系统的性能，如准确率、召回率等。

推荐系统的设计与实现，通常根据特定场景和数据需求来匹配相应的技术特点，实际应用的推荐系统，需要综合考虑数据隐私、在线学习、冷启动等问题。

3.1.3 四种主要召回模型

召回工程一般包括在线模式和离线模式，这两种模式在实现商品表达、用户表达以及完成匹配检索方面各有侧重。在线模式主要依赖于实时的数据处理和分析，以快速响应用户的查询和需求。离线模式则侧重于对大量数据的预先处理和分析，生成召回模型，以便在需要时快速提供匹配结果。在线模式和离线模式的元素如商品特征、用户特征、行为日志等相互融合，构建一个集商品向量、相似矩阵、弱个性化策略和用户相关性（U 相关）于一体的多通道召回引擎。此模型综合考虑多个因素，旨在实现更精准与个性化的匹配和检索目标，显著提高人工智能推荐系统在召回环节的效能。在推荐系统的发展蓝图中，监督模型化和嵌入（Embedding）化是推荐系统领域的两个重要发展趋势，它们相辅相成并共同促进了推荐系统的发展。召回环节的监督模型化强调运用逻辑回归、支持向量机、决策树、随机森林等经典机器学习算法，以及深度学习技术构建神经网络模型，通过对海量用户历史行为数据、物品属性等信息深度挖掘与训练，精准捕捉用户行为和物品特征之间的关系，从而更好地理解用户的兴趣喜好和商品需求，提高召回的准确性和覆盖率，实现个性化的召回。嵌入式技术通过将高维的离散特征（如用户 ID、项目 ID 等）映射到低维的连续向量空间中，有助于降低计算复杂度，同时能够更好地捕捉用户和项目之间的复杂关系。利用深度学习技术进行嵌入式学习，可以有效地学习到用户和项目的深层特征表示，这些表示能够更好地反映用户的兴趣和项目的特性，从而提高推荐系统的性能。

在实际应用中，利用各种机器学习算法和深度学习模型来构建召回引擎，

是非常常见的做法。比如使用神经网络来学习商品向量和用户向量，然后通过计算余弦相似度等方法来得出相似矩阵，从而完成召回任务。设计合适的模型结构，可以实现弱个性化和用户相关性的召回，提升推荐系统的效果和丰富用户体验。这些方法和技术的运用使得推荐系统能够更好地满足用户需求，更准确地理解用户和项目之间的关系，提高推荐的准确性和覆盖率，提升用户体验和推荐效果。根据不同的技术和方法，推荐系统的召回技术通常可以分为四大类：传统召回、知识召回、表示召回和匹配召回，见图 3-3。

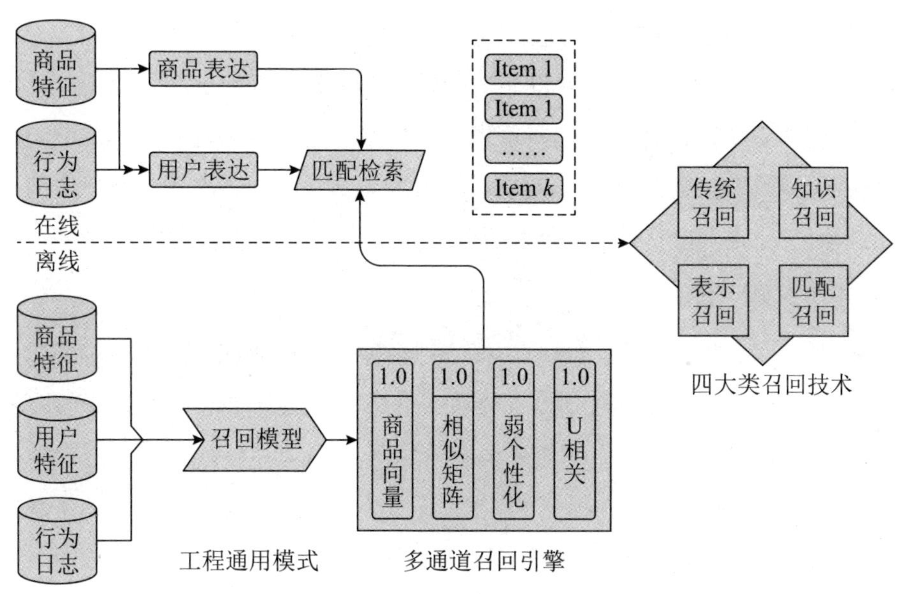

图 3-3　推荐系统的召回技术分类

（1）传统召回

传统召回方法通常依赖于用户的历史行为数据，利用协同过滤技术来预测用户可能感兴趣的商品或服务。协同过滤是一种基于用户行为数据进行推荐的方法，通过分析用户之间的相似性以及项目之间的相似性来实现个性化的推荐。基于协同过滤的推荐系统主要分为两种类型：基于用户的协同过滤和基于物品的协同过滤。前者通过比较用户之间的行为相似性，向某个用户推荐与其相似用户喜欢的物品；后者则通过比较物品之间的关联性，向用户推荐与其喜欢物品相似的其他物品。

这种传统召回方法虽然简单直接，但在实际应用中仍然具有一定的效果。

它能够根据用户的历史行为数据，发现用户的兴趣偏好，从而向用户推荐相关的商品或服务，提高推荐系统的准确性和用户满意度。

（2）知识召回

知识召回是指利用外部知识库或结构化的数据来提高推荐系统的质量和准确性。这种方法基于路径、逻辑和语义的知识，整合来自不同领域的知识，丰富用户和项目的描述信息，从而提高推荐系统的解释能力和准确性。同时，兴趣实体和兴趣标签可以作为知识召回的重要特征。兴趣实体可以包括用户喜好的具体实体，如特定的电影、音乐、书籍等；而兴趣标签则可以是对用户兴趣进行描述的关键词，有助于对用户兴趣进行建模和分析。这种方法能够帮助推荐系统更好地理解用户需求，提供更贴近用户兴趣的推荐结果，从而提升用户满意度和推荐系统效果。因此，知识召回在推荐系统领域具有重要的作用，并成为推荐系统发展的重要方向之一。

（3）表示召回

表示召回是指根据用户的历史行为、兴趣和查询意图，从海量的数据中筛选出可能与用户兴趣相关的候选物品或信息，快速而准确地缩小推荐范围，以提高后续排序和推荐结果的效率和准确性。

在表示召回阶段，可以利用不同的技术和方法有效地捕捉用户的兴趣和行为特征，以及将用户和物品等实体表示为合适的形式，两者结合起来可以显著提高召回的准确性和个性化程度。显式行为建模、隐式行为建模、多兴趣表征及超长行为建模是表示召回的一些常见技术和方法。

综合利用显式行为建模、隐式行为建模、多兴趣表征和超长行为建模等技术，深入挖掘用户的兴趣和行为特征，并将它们有效地转化为可理解和处理的表示形式，推荐系统可以更好地理解用户需求，提供更符合用户个性化需求的推荐结果。

卷积神经网络（Convolutional Neural Networks，CNN）和循环神经网络（Recurrent Neural Networks，RNN）等深度学习技术，在表示召回中扮演着重要角色。CNN 特别适用于处理图像和文本数据，通过多层交叠的卷积和最大池化操作进行数据建模，从而捕获数据中的关键特征。RNN 则擅长处理

序列数据，如文本或时间序列数据，能够捕捉到数据内部的依赖关系。

双塔模型（Deep Structured Semantic Model，DSSM）和基于图的方法（如 DeepWalk、Node2Vec、EGES、TransE、KGAT 和 RippleNet）分别适用于不同的任务与数据结构，在各自领域有着特定的设计优势，是一种得到广泛应用的表示学习方法。DSSM 用于学习用户和项目表示的模型，通过设计合适的输入层、表示层和匹配层，能够有效地计算出匹配得分，极大地提高搜索结果的相关性和准确性，特别适用于信息检索领域。基于图的方法则是针对复杂网络结构中实体的表示学习方法——模拟节点间的随机游走过程，学习节点的低维向量表示，揭示节点之间的语义联系和结构特性，适用于图结构数据的挖掘和分析。

综合利用稀疏表示建模和稀疏子空间聚类技术等有效方法，处理高维稀疏数据时提取关键特征、发现数据的内在结构，实现数据的降维和聚类分析，为各个领域的数据处理和分析提供了重要的工具和技术支持，有助于更好地理解和利用复杂的高维数据。

总之，有效地将高维稀疏的数据转换为低维密集的向量表示是一项复杂但至关重要的任务。通过结合深度学习技术（如 CNN 和 RNN）、图基础模型、稀疏表示建模和子空间聚类等多种方法，可以显著提高数据处理和分析的效率和准确性。

（4）匹配召回

匹配召回在信息检索领域特别是在智能推荐系统和搜索引擎等应用中扮演着关键角色。它是指通过设计复杂的匹配函数，利用深度学习技术来学习用户的兴趣模型，兼顾全量数据集的大规模召回和时效性，评估查询与候选项之间的相似性或相关性，从而提高推荐的准确性和用户满意度。

总的来说，匹配召回技术结合深度学习和复杂的匹配函数，可以有效地实现个性化推荐服务，提高信息检索的准确性，满足用户对内容的需求。综合以上技术和方法，可以实现高效、准确的匹配召回，帮助用户快速找到他们感兴趣的内容。顺便说一下，如果能理解深度学习和推荐系统的模型架构的关键术语，则更有助于理解匹配召回的意义。

3.1.4 人工智能推荐系统的工作流程

近年来，深度学习技术的发展使推荐系统产生了革命性的变化。通过整合海量的多源异构数据，构建更加贴合用户偏好需求的用户模型，深度学习技术显著提高了推荐系统的性能和用户满意度。此外，认知推荐系统的出现，使得推荐系统能够理解用户的偏好，预测用户未知的兴趣，并探索适应机制以在复杂多变的环境中做出智能行动。

认知推荐系统的主要工作流程通常包括数据收集与处理、特征工程、召回与排序、评估与优化。召回与排序是推荐系统两个重要且联系紧密的环节，实际工作中的召回与排序往往是结合使用的，召回阶段筛选出一部分候选物品并对这些候选物品排序，生成用户的最终推荐结果。通过不断优化召回与排序策略，结合丰富的用户行为数据和特征信息，可以设计出精准和有效的人工智能推荐系统，其工作基本流程见图 3-4。

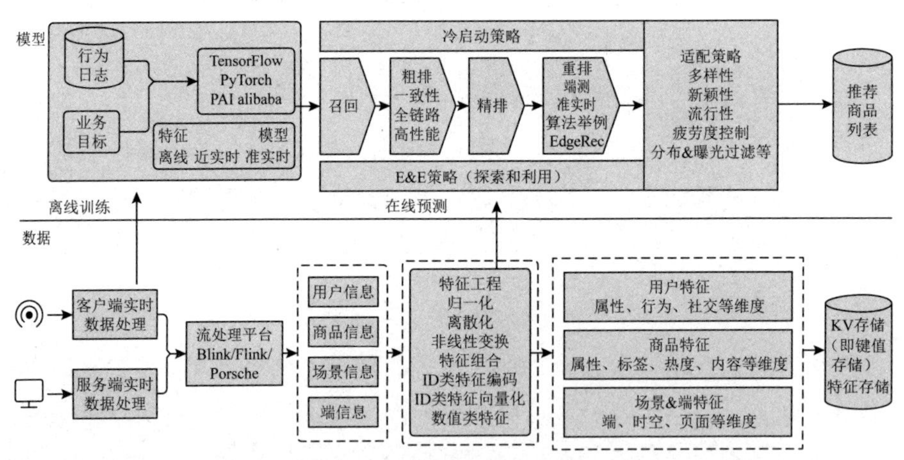

图 3-4 推荐系统工作基本流程

从最初的后验统计方法到后来的线性模型、双塔深度模型、轻量高精度深度模型，再到未来的端到端深度粗排模型，每一代技术都在尝试解决前一代面临的问题。此外，技术栈还包括了大规模负采样、向量召回、模型蒸馏、全链路一致性等关键技术，这些技术的应用进一步推动了粗排序技术的发展。

排序技术模型的研究领域广泛，在推荐系统、广告系统等领域中发挥着重要作用，涉及排序算法、排序学习方法以及排序模型性能的比较分析等多

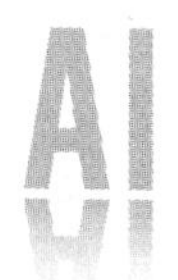

种算法和理论。多阶段排序模型是排序技术领域的一个重要分支，它将整个排序过程分解为多个阶段，每个阶段采用不同的策略或模型，并逐步缩小候选集合，然后确定最终的排序结果。这种多阶段排序的方法有助于提高排序的准确性和效率。

在多阶段排名模型中，通常包含以下几个关键步骤。在粗排阶段，基于规则或特征，推荐系统使用一种快速而粗糙的方法，筛选出大量用户可能感兴趣的内容，以降低后续计算的复杂性。在粗排之后，系统进入精排阶段，通过更加精细的策略或模型来进一步筛选候选集合，以确保保留的项目更符合用户的兴趣。在经过精排之后，剩余的候选项目进入重排阶段，在这一阶段系统会应用更复杂的排序模型，如机器学习或深度学习模型，以确定最终的推荐顺序。

多阶段排序模型充分利用不同阶段的信息，针对不同的排序目标进行优化，提高排序效果，使得最终排序结果更加符合用户需求。

3.1.5　用户理解模型的运作机制

用户理解模型是指通过系统或算法分析用户的行为、偏好和需求等多方面信息，建立理解—洞察—数据的用户综合模型，帮助系统预测用户行为，提高用户满意度，以及改善用户体验等，增强用户黏性。对用户的文字输入、点击行为、购买记录、社交互动等数据信息进行分析和建模，系统能精准地把握用户的兴趣爱好、消费习惯、偏好倾向等特征，实现个性化推荐、定制化服务等目标。

建立用户理解模型的关键步骤包括数据收集、数据清洗、特征提取、模型训练和验证等过程。在模型训练过程中，通常会使用机器学习、深度学习等技术，以及用户画像、推荐系统等方法来构建用户的综合模型。

① Trigger-Selection（U2X）优化策略：在用户召回排序机制中，精心选择 Trigger（如物料、类目等），通过模型提取技术，将复杂的黑盒模型转换为易于理解的形式，去识别各种触发因素。同时，主动学习方法能够有效地生成和查询合成实例，以促进对用户行为的理解。

②标签抽取（U2Tag）深化应用：通过自然语言处理技术进行标签挖掘。

这一步骤是结合模型提取和主动学习技术，分析用户的评论、反馈以及其他文本数据，从大量非结构化数据中有效地提取有价值的信息，识别用户的需求和偏好。

③群体理解（U2U）精准划分：运用聚类、Lookalike 等群体理解算法，结合模型提取和主动学习方法，进行用户分组，有效地处理和分析大规模的用户数据集，实现更加精准的群体划分，以便更好地理解不同群体的特征和需求。

④意图推断（U2Intent）深度解析：主要涉及购买力预测、类目偏好预测、品牌偏好预测以及属性偏好预测等。通过意图推断，可以分析用户的浏览记录、点击行为、购买历史等信息，以此构建模型来预测用户是否有意进行购买，估计他们可能愿意支付的价格范围，进行购买力预测；分析用户的浏览记录、收藏行为、评论内容等，识别用户对不同商品类别的偏好，完成类目偏好预测，有助于电商平台为用户推荐更符合其兴趣的商品；分析用户对特定品牌的搜索记录、购买历史等信息，预测用户对不同品牌的偏好程度，进行品牌偏好预测，有助于电商平台更好地定位目标市场和制定营销策略；分析用户搜索商品属性的记录、购买历史等信息，预测用户对商品特定属性的偏好。如果一个用户经常购买高性价比的产品，那么这个用户很可能对价格敏感。

一般采用多种机器学习和深度学习技术，如随机森林算法、支持向量机（SVM）算法、朴素贝叶斯算法、人工神经网络（ANN）算法、数据平衡与模型融合方法等，提取用户行为数据中有价值的信息，以支持意图推断，完成预测任务。

⑤用户生命周期理解：是指通过分析用户的整个用户浏览 / 购买的行为轨迹和数据，应用模型提取和主动学习的方法，分析用户行为数据，旨在全面理解用户的需求、偏好和意图，帮助系统更好地把握用户的行为模式和变化趋势，从而提供更加个性化和精准的服务。

实现用户生命周期理解的关键步骤和方法如下：一是数据收集与整合，收集用户在整个生命周期的行为数据，包括浏览记录、搜索关键词、购买历史、点击行为等多种数据类型；接着对收集的数据进行清洗与整合，消除噪

声和异常值，确保数据质量和数据一致性。二是用户行为建模，在浏览阶段，要了解用户的兴趣和偏好、访问页面、停留时长、浏览内容等用户的浏览行为；然后推断用户的需求和意图，分析用户的搜索关键词、搜索结果、点击情况等；在购买阶段，要了解用户的购买偏好和决策过程，分析用户的购买行为如加入购物车、下单支付等。三是用户意图感知与偏好建模，通过分析用户在不同阶段的行为数据，推断用户的意图和目标如购买意向等；接着基于用户行为数据和反馈信息，建立用户的偏好模型，了解用户喜好的产品、服务或内容特征，最后进行模型构建与优化，利用数据挖掘、机器学习等技术及主动学习方法，构建优化用户生命周期模型，提高预测的准确度。

在更广泛的领域中，全生命周期用户表征模型（LURM），可以应对长时间序列行为数据的挑战，将客户关系分为探索、建立、稳定和衰退四个阶段，强调了随着客户关系阶段的推进，交易量和客户利润的增加，尤其是在稳定阶段达到最大值，这表明了对用户行为进行全生命周期建模的重要性。

用户生命周期模型的构建方法包括利用数据驱动的方法、基于行为特征的全生命周期建模，以及结合客户关系管理和信息传播理论的综合模型。关键因素包括互操作性、可查询性、用户隐私保护，以及对用户行为特征的深入理解和分析。此外，面向不同生命周期阶段的个性化营销策略也是确保用户生命周期模型成功的关键因素。

综合考虑用户的长期和短期兴趣、生命周期价值、偏好、周期性以及对价格变动的敏感度等多个维度，采用先进的数据分析技术和模型，准确地预测用户行为，例如购买意向、产品偏好、购买周期等，运用先进的数据分析技术和模型，发现潜在的用户群体特征、行为模式和趋势，可以帮助企业了解用户，满足用户需求，提升用户满意度和忠诚度。

3.1.6　用户理解的模型工具

结合模型提取、主动学习以及深入的数据分析方法，依托数据科学、机器学习和人工智能技术，通过大数据处理、特征工程、模型优化等手段，可以实现对用户行为的显式和隐式理解，并将理解结果转化为实际的个性化服务和营销策略。

①群体智能（Swarm Intelligence，SI）作为一种优化技术，已被广泛应用于聚类算法的研究中，以解决传统聚类算法中的问题。例如，基于群体智能的聚类算法通过引入混沌映射和反向学习方法初始化蜂群，增大种群多样性，增强跳出局部最优解的能力。此外，通过使用基于局部较优和全局最优的位置更新公式，提高了迭代寻优过程的效率。这表明群体智能技术能够有效改进聚类算法的性能，尤其是在提高聚类效率和精度方面。

②单模态表征指的是以单一类型的用户行为数据为基础进行分析和表征，例如只考虑用户的点击行为或者浏览行为。这种表征方法能够帮助我们深入了解用户在特定行为上的偏好和习惯，但可能无法全面覆盖用户的整体行为特征。多模态表征则是指综合多种不同类型的用户行为数据，进行联合分析和表征，以获得对用户行为更为全面和准确的描述。通过整合用户的点击、浏览、评论等多种行为数据，可以更好地理解用户的兴趣、偏好和行为模式，从而为个性化推荐、精准营销等提供更有效的支持。采用单 / 多模态表征的方法，企业可以更好地理解用户行为特征，精准洞察用户需求，提供个性化的产品和服务，提高用户满意度和忠诚度。在实际操作中，单 / 多模态表征需要结合数据挖掘、机器学习等技术手段，通过对海量用户行为数据的处理和分析，提取用户的行为特征，建立相应的模型进行预测和推荐，帮助企业更好地理解用户，提升营销效果，增强竞争力。

③短 / 长 / 超长行为表征是指分析不同时间尺度上（如日、周、月等）的用户行为，以理解用户的行为模式及其行为的长期趋势。比如，短期行为表征侧重于分析用户在较短时间内的行为，例如每日或每周的行为，理解用户的日常活动模式、偏好和变化，为及时调整营销策略和个性化推荐提供支持。在实际应用中，企业可以借助大数据分析、时间序列分析等技术手段，对不同时间尺度上的用户行为数据进行整合和挖掘，构建相应的行为表征模型，并将其应用于个性化推荐、精准营销等业务场景。

④生命周期行为表征是指通过分析用户从加入到离开平台的整个生命周期内的行为，以深入了解用户的忠诚度、活跃度和变化规律，理解用户在不同阶段的行为特征，制定相应的运营策略，改善产品和服务，提高用户满意度和留存率。

生命周期行为表征的关键点包括：用户拉新阶段的初始行为分析，如用户的首次互动行为、注册信息填写、首次消费等，评估新用户的活跃度和潜在付费意愿；用户成长阶段的日常行为、偏好变化、互动频率的分析，了解用户在平台上的活跃程度和对特定内容或功能的偏好，为个性化推荐和用户细分提供支持；当用户活跃度逐渐降低或者选择离开平台时，分析其流失前的行为特征、停留时间、最后一次互动等，识别潜在的流失原因，为挽留用户或者吸引回流提供针对性措施。

为了实现这一目标，我们构建了一套全面的数据收集体系，涵盖用户在不同阶段的各种行为数据，包括来自网站、App、社交媒体等渠道的注册、浏览、搜索、交互、购买等行为数据。通过数据清洗、整合和存储，构建起详尽丰富的用户行为数据库。随后，运用数据分析工具和技术，深入分析用户行为数据，包括用户行为路径分析、行为偏好分析、用户行为演变趋势等，勾勒整个生命周期的用户行为轨迹，揭示用户的兴趣、需求和行为习惯。同时，基于用户行为数据，构建用户画像模型，对不同用户群体的特征和行为进行分析和表征；应用机器学习和数据挖掘技术，整合和挖掘用户的历史行为数据，预测和分析用户行为，构建相应的生命周期行为模型，预测用户未来的行为意向和需求。

用户行为分析和表征是一个不断优化模型和算法的过程，通过持续监测和分析，了解用户的生命周期价值、留存风险和行为模式，及时发现问题并改进，全面理解用户行为，不断提升用户体验，建立更健康的用户生态，提升用户忠诚度和品牌价值，有针对性地完成用户运营和产品优化任务，将其应用于用户运营、精准营销等场景中。

⑤单场景 / 全链路行为表征是指通过分析用户在单一场景中的行为（如购物车放弃率）或者跨多个场景的全链路行为（如浏览、搜索、购买），以更准确地预测用户的行为和偏好，从而优化用户体验和提升业务效果。

⑥单场景行为表征是在某一具体场景中，比如电商平台的购物车放弃率，通过分析用户在该场景的行为数据，了解用户的购买意向、决策路径和潜在障碍。监测和分析购物车放弃率等指标，可以发现问题所在，优化购物流程，提高转化率。

⑦全链路行为表征是指跨多个场景的全链路行为分析则更加综合和全面，涵盖用户在整个使用过程中的各个行为环节，比如浏览产品、搜索信息、添加购物车、下单购买等。关联和分析用户在不同环节的行为数据，建立用户的行为轨迹，深入理解用户的偏好、需求和行为模式，可以实现精准推荐、个性化营销和优化用户旅程。

在实际应用中，通过单场景和全链路行为表征，企业利用大数据分析、机器学习算法等技术手段，对用户的单场景和全链路行为数据进行挖掘和建模，实现了用户行为预测、个性化推荐等功能，极大地促进了与用户的互动深度，提升了用户参与度和交易转化率，为企业带来持续的增长动力。

⑧模型提取即通过建立各种模型，如用户行为模型、兴趣模型、购买意向模型等，从用户的显式行为（如点击、浏览、购买）中提取出用户的偏好、兴趣和特征。这些模型可以帮助企业更好地理解用户在平台上的行为，预测其未来的行为意向，以及进行个性化推荐和提供定制化服务。

⑨主动学习是指系统能够根据之前的学习经验，主动选择合适的样本进行学习，以不断改善模型的准确性和泛化能力。在用户行为理解中，主动学习可以帮助系统主动发现新的模式和规律，避免数据偏差，提高对用户行为的理解和预测能力。

⑩深入的数据分析方法是指通过深入挖掘用户行为数据，包括点击轨迹、购买路径、搜索关键词等，可以发现用户的隐式行为和潜在需求。这种深入的数据分析方法可以帮助企业更全面地理解用户，发现隐藏在数据背后的用户行为模式和规律，为用户提供更加精准和贴心的服务。

3.1.7 粗排流程的基本框架

粗排和精排在数据挖掘和机器学习领域扮演着重要的角色，其各自的特点和应用场景决定了它们在处理大规模数据集时的效率和准确性。粗排是一种处理不完整、不确定信息的数学理论，它通过等价关系和近似概念对数据进行约简以获取知识。相比之下，精排通常基于标注的大样本进行训练，采用深度学习方法，以实现高精度的分类或预测任务。

粗排序技术迭代模型是一个逐步发展的过程，旨在解决特征交叉、采样

偏差等问题，并通过后验统计、线性模型、双塔深度模型、轻量高精度深度模型以及端到端深度粗排模型等不同阶段的技术栈来实现这一目标。

粗排是介于召回和精排之间的一个模块。它从召回阶段获取上万个候选项，再输出成百上千的选项给精排，是典型的精度与性能之间平衡的产物。对于推荐池不大的场景，粗排是非必选的，粗排技术框架见图 3-5。

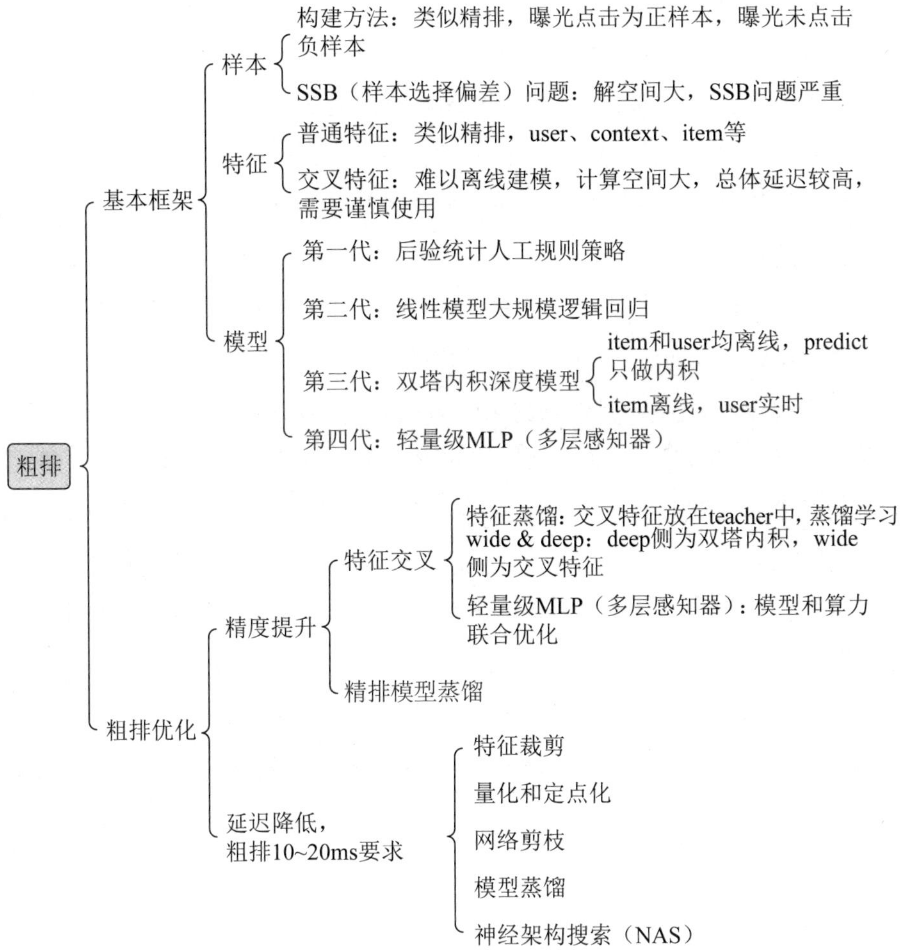

- 粗排
  - 基本框架
    - 样本
      - 构建方法：类似精排，曝光点击为正样本，曝光未点击负样本
      - SSB（样本选择偏差）问题：解空间大，SSB问题严重
    - 特征
      - 普通特征：类似精排，user、context、item等
      - 交叉特征：难以离线建模，计算空间大，总体延迟较高，需要谨慎使用
    - 模型
      - 第一代：后验统计人工规则策略
      - 第二代：线性模型大规模逻辑回归
      - 第三代：双塔内积深度模型
        - item和user均离线，predict只做内积
        - item离线，user实时
      - 第四代：轻量级MLP（多层感知器）
  - 粗排优化
    - 精度提升
      - 特征交叉
        - 特征蒸馏：交叉特征放在teacher中，蒸馏学习
        - wide & deep：deep侧为双塔内积，wide侧为交叉特征
        - 轻量级MLP（多层感知器）：模型和算力联合优化
      - 精排模型蒸馏
    - 延迟降低，粗排10~20ms要求
      - 特征裁剪
      - 量化和定点化
      - 网络剪枝
      - 模型蒸馏
      - 神经架构搜索（NAS）

图 3-5　粗排技术框架

（1）数据样本

粗排在有效地处理模糊和不确定性数据方面具有独特优势。然而，粗排在实际应用中面临着样本选择偏差问题（SSB 问题），特别是在同一次会话

中，曝光未点击文档作为负样本（hard case），而用户点击则作为正样本的情况下，只使用曝光样本作为深度学习训练，却要同时预测曝光数据和非曝光数据，会导致严重的样本选择偏差问题。

相较于粗排，精排虽然只有几百上千的候选集，但其训练样本更加集中且质量更高，这有助于减少 SSB 问题的影响。精排方法通过深度神经网络学习从少数训练样本中识别新的类别，尽管这是一个具有挑战性的问题，但已有研究提出了多种解决方案，如数据增强、迁移学习、度量学习和元学习等方法。这些方法旨在提高模型的小样本学习的适应性和泛化能力，从而减少 SSB 问题的影响。

此外，粗排理论的发展也包括不完备信息系统的研究，如不完备信息系统中集合的上、下近似运算，以及基于变精度粗糙集模型的数据补齐算法等。这些研究成果表明，在处理动态特性的偏好信息系统方面，粗排理论具有一定优势，能够有效处理具有动态特征的数据。

尽管粗排在处理大规模数据集时具有独特的优势，特别是在处理模糊和不确定性数据方面，但其面临的 SSB 问题限制了其在实际应用中的效果。相比之下，精排方法通过采用高质量的训练样本和先进的深度学习技术，能够更有效地解决 SSB 问题，提高模型的预测准确性和泛化能力。因此，尽管粗排的解空间大很多，但在实际应用中，精排因其更好的性能而更受欢迎。

（2）特征工程

粗排的特征处理可以分为两大类：普通特征和交叉特征。普通特征主要涉及 user、context、item 三部分，而交叉特征则关注 user 和 item 之间的相互作用。

普通特征的处理主要依赖于对 user、context、item 三部分的深入分析和理解，可以通过多种方法进行特征提取和特征加权，以提高模型的精度和效率。前者是将原始数据转换为更有意义的形式的过程。在文本分类中，常用的特征提取方法包括文档频数（Document Frequency，DF）、互信息（Mutual Information，MI）、信息增益（Information Gain，IG）等。此外，基于包含度和频繁模式的特征选择方法也被证明能够有效地提升文本挖掘性能。后者

是根据特征的重要性对其进行加权的过程。TF-IDF（词频—逆文本频率指数）是一种经典的特征加权方法，它通过考虑词频 - 逆文档频率来评估一个词对于一个文件集或一个语料库中的其中一份文件的重要程度。然而，为了更准确地反映特征在不同类别间的分布情况，可以结合类间集中度、类内分散度等指标对 TF-IDF 公式进行改进。

交叉特征是指那些能够反映 user 和 item 之间关系的特征。这类特征对于提升模型精度非常有帮助，因为它们能够揭示数据中的潜在结构和模式。

普通特征的处理主要依赖于特征提取和加权技术，而交叉特征的处理则需要利用粗集理论和相关模型来识别与利用 user 和 item 之间的特定关系。通过综合运用这些方法，可以有效提升模型的精度和效率。

3.1.8　冷启动模型

在解决推荐系统中的冷启动问题时，研究者提出了多种方法和模型。这些方法主要集中在利用元学习（Meta-Learning）、社交数据、知识图谱、多行为建模以及偏置建模等方面。

元学习是一种强大的工具，用于在少量数据的情况下快速适应新任务。例如，MeLU 通过元学习来估计用户偏好，即使是在只有少量交互的情况下也能有效工作。MetaKG 利用知识图谱作为辅助信息，通过元学习捕捉用户的偏好和实体的知识，以适应冷启动场景。此外，MetaHIN 结合元学习和异构信息网络（HIN），旨在同时利用模型层面的元学习能力和数据层面的 HIN 语义。

社交网络数据被证明是解决冷启动问题的有效手段。通过分析 Twitter（推特）上的用户关注关系，可以构建潜在用户群体模型，从而为新应用提供相关推荐，或者利用社交网络中朋友之间的间接关系来提高推荐的准确性。知识图谱提供了一种有效的方式来捕捉用户和项目之间的复杂关系。MetaKG 展示了如何利用知识图谱中的高阶协作关系和语义表示来适应冷启动场景。

有学者提出基于多行为学习方法建模解决冷启动问题。MeLU 等方法利用用户的不同行为模式来预测用户的偏好，为了更好地理解用户的行为偏差，一些研究专注于偏置建模。例如，位置偏差、曝光偏差和热度偏差等概念被用来改进推荐算法的性能。提高推荐系统的可解释性包括基于用户—项目 /

上下文—文本 / 视觉—社交的不同维度来提高推荐的透明度和可信度。

虽然直接证据较少，但后验概率统计群体反馈的概念可能与利用社交网络数据和知识图谱中的群体反馈有关，这些反馈可以帮助企业理解用户的偏好和行为模式。

综上所述，解决推荐系统中的冷启动问题需要根据具体的应用场景和需求选择合适的方法，综合考虑元学习、社交数据、知识图谱、多行为建模和偏置建模等技术，同时提高推荐系统的可解释性。

3.1.9　模型质量评估

在评估推荐系统模型质量时，需要综合考虑三个维度的线上指标：转化类指标，如 CTR（点击通过率）、CVR（转化率）、ECPM（每千次展示成本）、客单价、DAU（日活跃用户数）和点击个数等；推荐质量类指标，如多样性、新颖性、时效性、可解释性、热门内容比例、高质量内容比例等；消费满意度指标，如留存率、停留时长、播放完成率、平均阅读时长、沉浸度和惊喜度等，见图 3-6。

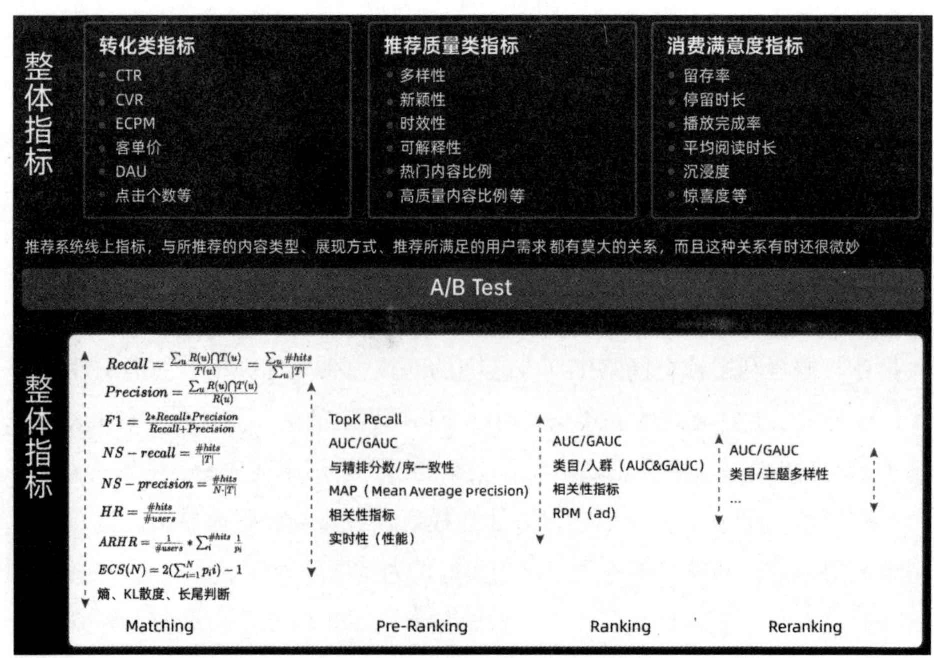

图 3-6　质量评估的三个维度

转化类指标直接反映了推荐系统在实际应用中的用户的参与度和购买意愿。留存率和停留时长能直观地反映用户对推荐系统的兴趣和依赖程度，CTR 和 CVR 是衡量推荐系统吸引力和有效性的关键指标。ECPM 则更侧重于广告投放效果，反映推荐内容的商业价值。

推荐质量类指标关注所推荐内容的质量和多样性，旨在提高用户的满意度和忠诚度。通过增加推荐列表的多样性，可以提高用户对推荐列表的整体满意度。同时，考虑到用户偏好的动态变化，时效性和新颖性成为不可忽视的因素。新颖性和时效性的考量可以帮助推荐系统更好地满足用户的个性化需求和当前的市场趋势。同时，通过引入预训练嵌入来学习不同用户的个性化编码函数，可以进一步提高推荐列表的整体性能。

消费满意度指标侧重于用户对推荐内容的接受程度和使用深度。惊喜度作为重要的评价标准，衡量的是系统挖掘用户潜在兴趣偏好的能力。此外，个性化重排序方法能够有效管理流行度偏差，增强长尾物品在推荐中的代表性，同时保证推荐的准确性。

A/B 测试是一种常用的评估推荐系统效果的方法，通过对比不同版本的推荐系统在相同条件下的表现差异，来确定哪个版本更优。这种测试方法可以帮助我们更好地理解各种在线指标之间的关系，以及它们是如何影响最终的用户体验和业务成果的。

在选择和优化推荐系统的线上指标时，应综合考虑上述各类指标，并根据具体的业务目标和用户群体特征进行调整。例如，对于追求快速增长的电商平台，可能更加关注转化类指标和消费满意度指标；而对于注重内容质量和用户体验的内容平台，则可能更加重视推荐质量类指标和消费满意度指标。

对于电商平台而言，推荐系统面临的主要挑战之一是数据的稀疏性和新用户的“冷启动”问题。为了缓解这些问题，电商平台采用了多种方法，如融合注意力机制的知识图谱推荐模型，以及基于用户行为变量的新用户相似度计算方法。这些方法通过提取用户特征和物品特征，捕捉用户的潜在兴趣，从而提高推荐的准确率。此外，电商平台还重视信息服务的质量，从准确性、时效性、新颖性三个技术指标出发，对比不同技术架构对推荐服务质量的影

响，并以用户体验作为评价基础。

相比之下，新闻聚合等其他类型的推荐系统可能更侧重于内容的多样性和新颖性。例如，在在线内容推荐服务中，除了点击率（CTR）这样的即时点击可能性指标外，还会考虑内容的可点击性和参与度，即用户在阅读文章时被推荐到其他内容的可能性以及从文章中点击到推荐内容的可能性。这种类型的推荐系统可能会采用更具有前瞻性的策略，如利用用户路径历史数据来预测未来的浏览路径，从而实现更好的性能提升。

无论是电商平台还是新闻聚合等其他类型的推荐系统，线上指标的选择和优化策略都是存在差异的。这些差异主要体现在电商、新闻聚合等领域的特点上，包括用户行为的复杂性、数据的稀疏性以及推荐系统的最终目标等方面。总之，推荐系统的线上指标选择和优化是一个复杂而微妙的过程，需要根据具体的业务场景和用户需求，综合考虑各种因素，以实现最佳的推荐效果。

另外，无论是电商平台还是新闻聚合等其他类型的推荐系统，选择和优化线上指标都需要考虑到推荐系统的特定需求和目标用户的行为特征。电商平台更注重通过个性化推荐提高用户满意度和交易转化率，而新闻聚合等系统则可能更侧重于提高内容的多样性和新颖性，吸引和保持用户的注意力。因此，不同类型的推荐系统在选择和优化线上指标时会有不同的侧重点与策略。

3.1.10 智能推荐系统的效果

智能推荐系统带来的效果是极为明显的，主要体现在如下几个方面。

①提高用户满意度和体验：通过分析用户和推荐物品之间的特征或已有用户和物品之间的行为记录，智能推荐系统能够帮助用户在海量信息中快速找到符合其需求的信息，从而提高用户的满意度和体验。

②增加电子商务网站的销售量：个性化推荐系统能够根据用户的购物历史、浏览习惯等数据，向用户推荐其可能感兴趣的商品，从而提升电子商务网站的交易率和销售量。

③解决信息过载问题：随着互联网信息量的指数增长，用户面临着从大

量信息中挑选目标信息的困难。智能推荐系统通过有效过滤海量信息，可以为用户推荐符合其需求的资源，有助于缓解“信息过载”问题。

④提高推荐系统的精确度和效率：利用深度学习等先进技术，智能推荐系统能够处理更复杂的非线性关系，从原始数据中自动地逐层提取特征，提高个性化推荐的精确度。同时，基于深度强化学习的推荐系统模型能够有效解决用户冷启动和用户兴趣变迁的问题，提高推荐系统的效率和准确性。

⑤增强用户体验：通过集成多种基本推荐算法，基于 Boosting 框架的推荐系统架构能够有效提升推荐效果，使用户获得良好的体验。

⑥促进数据共享和利用：依托跨公司的多源大数据整合，个性化推荐系统能够深度挖掘数据价值，为用户提供更精准的个性化推荐服务，促进数据共享和利用，进一步完善个性化推荐领域的理论框架。

⑦适应动态变化的环境：智能推荐系统能够学习和适应用户偏好的变化，预测用户的未知喜好，并探索适应性机制，以在复杂多变的环境中采取智能行动。

智能推荐系统通过整合深度学习、机器学习、大数据分析等先进技术，不仅能够提高推荐的精确度和效率，还能够提升用户的满意度和体验，解决信息过载问题，促进数据共享和利用以及适应动态变化的环境。

3.2　库存管理与预测的优化

3.2.1　AI 在库存管理中的应用

目前，市面上的几乎所有企业管理软件如 ERP、WMS、DRP 各种专业的信息化工具，只是忠实地记录数据，这些数据不会提供预警，也不会预测未来和给出建议。另外，受限于管理人员的经验水平，即使获取了运营数据，也只能做简单、粗略的判断。指标体系是否完整，模拟运算是否精确，验证过程是否有误等分析与决策都是未知且滞后的。然而，物流和供应链作为数据密集型的行业，严重依赖经验决策。有时，很多人员进行数据的统计、分析和论证，从各种数据中发现运营存在的问题并进行针对性的调整，最终得出的结论却是错的。

人工智能推荐系统用于分析历史销售数据、季节性和市场动态及其他相关因素，可以帮助企业合理制订采购计划，提高库存水平，避免库存积压或缺货导致的损失，提高供应链效率。AI 驱动的预测性分析，应用线性规划算法与库存成本约束下的推荐算法，基于客户到达模式的分类历史数据，实现了对未来需求的精准预测，实现更高的销售收入。

（1）提高供应链效率

如果管理者和 AI 协同面对，使供应链的资源实现最优分布，各个环节互相配合，可提供有效的预测，避免资源浪费。人工智能推荐系统的补货策略，是基于实时数据监控和预测算法，AI 推荐系统能够为企业提供智能的补货建议，帮助企业及时调整库存水平，降低库存成本并提高资金利用率。例如，运用 BP 神经网络预测算法开发的智能库存管理子系统，能实现出库、入库、盘点的仓库管理和车辆的在途管理功能，以及仓库的“智能补货”功能。

（2）降低库存成本

优化供应链管理是人工智能推荐系统的关键应用领域。通过分析大量数据和实时监控供应链情况，AI 推荐系统可以帮助企业优化供应链管理，提高运输效率、降低物流成本，确保供应链的稳定性和可靠性。AI 技术的应用，可以推动供应链物流企业在物流基础设施、生产工具、物流运作流程等方面的升级变革。

比如，仓配网络规划需要布局多少个仓库，仓库选址在哪里，拓扑结构怎么设置，每个仓库承担怎样的职能。这些问题牵扯到物流成本、服务时效、库存管控和客户体验，还有政策、消费者分布、商品特性等因素。每个节点的变化都是牵一发而动全身，并且企业面临的形势也是在不断变化的，还存在季节和周期的波动。在这种情况下，上述各因素的变量已经远远超过了人工的计算能力，只有依靠算法的力量进行动态规划，通过因素变量模拟结果的变化状态，才能协助管理者做出相应的决策。

个性化推荐与定制化服务是人工智能推荐系统在提升客户满意度和忠诚度方面的应用。通过分析客户的偏好和行为数据，实现个性化的产品推荐和定制化的服务，可以提高销售额和降低库存风险。

（3）提升决策质量

人工智能推荐系统在库存管理与预测方面的应用，除了能显著提高供应链效率、降低库存成本，还可以提升决策质量。通过精准的库存预测、智能的补货建议、优化供应链管理和个性化推荐与定制化服务，AI 推荐系统可以帮助企业在竞争激烈的市场环境中保持领先地位。

（4）降低物流成本

首先，AI 推荐系统在供应链管理中发挥着关键作用，通过运用机器学习技术对配送点进行聚类分组，优化车辆路线规划，减少配送过程的时间消耗和成本开支，降低物流成本并提高运输效率，提高整体业务效率，最终提升客户满意度。

其次，智能混合推荐系统在物流管理中扮演着关键角色。该系统基于三轴加速度计和 GPS 定位的道路表面路况数据，精准获取坑洼位置信息，并结合内容过滤和协同过滤技术，推荐最佳路线，有效减少货物损坏风险，显著降低运输成本。借助人工神经网络和遗传算法等机器学习方法，可以实现物流分类和传输的自动化。这种自动化系统不仅提高了物流效率，而且显著降低了人力成本和错误率，为物流行业带来了更高的效益。

最后，基于人工智能的 RBF（径向基函数）神经网络等数据挖掘技术，在跨境电商物流优化中发挥着关键作用，能提高“最后一公里”配送速度，建立高效的海外仓库管理机制。这些技术的应用有助于提升跨境电商物流效率，提供更快速、更可靠的物流服务，促进全球贸易的发展。

3.2.2　智能库存管理系统设计要点

智能库存管理系统的设计需要考虑到系统架构、技术选型、功能模块设计、数据流和信息共享、智能化决策支持、安全性和稳定性以及用户体验设计等多个方面。通盘考虑之后，可构建一个高效、稳定、安全的智能库存管理系统，提升企业的库存管理效率和精准度。下面，我们介绍几个关键要点。

系统架构设计：智能库存管理系统应采用模块化、层次化的架构设计，以提高系统的可维护性和扩展性。系统架构应支持高并发访问和数据处理，确保系统的稳定运行。

技术选型：系统设计应考虑采用先进的信息技术，如射频识别（RFID）技术、条形码技术、物联网技术等，以实现库存信息的自动化采集和管理。同时，应该应用云计算、大数据分析等技术，提高数据处理能力和决策支持能力。

功能模块设计：智能库存管理系统应包含入库管理、出库管理、库存管理、盘点管理、订单管理等功能模块，以及相应的报表展示和数据分析功能。此外，还应提供用户权限管理、系统安全管理等功能，确保系统的安全、可靠运行。

数据流和信息共享：系统设计应重视数据流的设计，确保数据的准确性和实时性。同时，通过建立统一的数据标准和接口规范，实现系统内部及与其他系统的有效信息共享。

智能化决策支持：利用人工智能、机器学习等技术，对库存数据进行分析和挖掘，实现智能预测、智能补货、智能调度等功能，提高库存管理的效率和准确性。

3.2.3　技术挑战与技术路径

（1）AI 库存管理与预测系统面临的主要挑战

在供应链方案优化设计过程中，核心是如何梳理传统需求预测的主要痛点，遇到的主要问题有如下几个。

一是系统数据整合难。企业内部供应链涉及的各业务部门系统参差不齐，同样的商品因系统不同而编码不一，商品编码随时间不同而变化；外部不同零售商的数据以及商品售卖渠道也存在多样性，基础数据跨部门对接受限，整合海量数据不易。

二是各级需求预测难。随着业务扩张与客户需求的多变，从前至后各层级的需求信息差不断放大，即所谓的“牛鞭效应”，需求波动巨大，给库存与生产带来了巨大压力，难以应对市场的复杂多变，直接影响了公司的固定资本、库存周转率等重要财务指标。

三是预测价值验证难。即使解决前面两个难题，跨部门改造优化整体流程，涉及上下游众多环节与有关部门症结点的改造，面临如何拉齐上下游的共识、把部门核心业务价值与需求预测的准确度（即 FA）挂钩等重大困境。

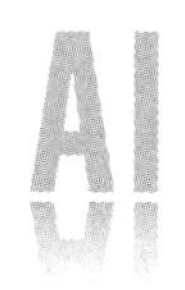

四是预测结果交互难。伴随着项目落地，如何巧妙设计业务与模型结果之间的反馈与纠偏机制，以促进双向互动与持续优化，同时，如何灵活应对模型运行过程中涌现的新业务信息及其所伴随的商业变革与挑战，成了确保 AI 成果无缝融入日常运营流程、激发项目长期生命力的核心所在。这两方面不仅是衡量 AI 项目成功与否的重要标尺，也是维持项目创新活力与持续发展能力的关键要素。

集成 AI 技术融入传统库存管理系统时，企业需要克服包括数据质量、数据隐私与安全、技术约束、跨部门协作、变革管理以及库存成本和投资回报率等方面的挑战。

（2）解决问题的技术路径

人工智能推荐系统在库存管理方面的技术取得突破性进展，而机器学习、边缘计算和区块链技术的进步，为库存管理提供了新的视角和解决方案。

我们创新性地采用图神经网络来建模用户行为序列，精准捕获序列之间错综复杂的转换模式，进而深度融合商品推荐场景，显著增强了推荐系统的可解释性和用户接受度。通过巧妙融合门控图神经网络（Gated Graph Neural Network）的前沿能力和 Transformer 网络架构的卓越性能，我们构建基于深度学习的商品推荐系统模型，这一模型不仅融合了 AI 与 IoT 技术的精髓，还实现了库存管理的实时跟踪、精准预测和自动化补货流程，引领了前所未有的效率革命和精确度飞跃。

将改进的粒子群算法与 BP 神经网络相结合，应用于库存管理系统，建立库存预测模型，可以为库存管理智能化提供决策辅助。针对评分预测问题，引入深度学习和协同过滤技术，构建基于深度神经网络的协同过滤模型、基于注意力的协同过滤模型和基于深度强化学习的协同过滤模型，不仅提高了预测精度，还在解决冷启动问题、提升模型动态适应性与预测解释性方面展现出非凡潜力，推动了推荐系统技术的全面升级。

3.2.4　成功案例分析

（1）具体案例背景

某头部快消品供应商有着完善的供应链流程与成熟的内部协作体系，但

随着商业环境的变化，也出现了人工预测不够准确、库存水平偏高的问题。

（2）库存管理解决方案

①多渠道数据整合与建模，提高预测准确度。通过快速对接并处理数据，搭配简易的拖拉拽操作，规范的数据仓库建模方法论与工作流调度，能够最大程度地加速数据整合与清洗，解决上述系统数据整合难的痛点。案例企业结合行业知识以及深度业务调研，将业务经验转化为模型特征，融入节假日、促销活动等关键因子，基于时间序列、树模型、深度学习、强化学习，通过“数据对接—数据清洗—特征构建—模型回测—模型上线”流程，在 Universe Lab 进行模型融合，选取最匹配的 AI 混合模型。搭配 AI 库存管理与优化模型，能以多种形式快速地呈现预测结果，解决各级需求预测难的痛点。该企业两年内逐步上线 27 个子品类，覆盖该企业整体销量的 70%。人工智能预测代替人工预测，极大地提高了效率，使需求预测工作效率提高 3 倍。除此之外，得益于专家经验的特征固化与混合模型，周度预测准确度相较于原先人工预测准确度提升 10% 以上，业务部门对此非常认可。

②预测结合业务，价值验证助力项目落地。在完成更为准确的预测之后，通过试验设计、仿真模拟等方式，量化评估预测准确度带来的业务价值，把预测成果扩展到供应链上下游，推动项目落地，解决预测价值验证难的痛点。

在价值验证层面，可以把预测带来的价值分解为仓储价值与物流价值，见图 3-7。

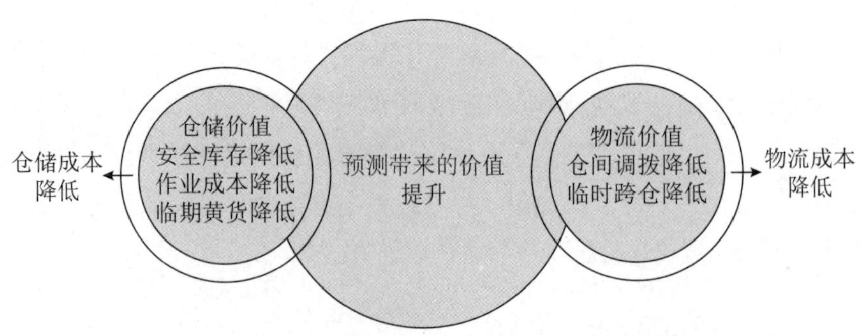

图 3-7　预测带来的价值可分解为仓储价值与物流价值

仓储成本降低及衍生收益。过高的库存一直是供应链管理的难题。通过库存仿真算法，在不降低服务水平的前提下，可以下调安全库存，降低仓储

成本并提高库存周转率。经测算，每提升 1% 的预测准确度（FA），相应的平均在库天数会降低 1.2%。

基于库存仿真得到的规律，通过控制变量的方式，经过测算，在对应时间段内服务水平达标的情况下，可带来 10% 的平均在库天数降低。同时，更精准的预测使得区域仓的需求波动降低，中央仓对应的需求波动因而逐步减小，上游工厂能够更好地组织生产，极大地减少了供应链上下游的“牛鞭效应”。

物流成本降低。临时性的需求波动与库存分配不均，容易导致跨仓物流的额外付出。在项目落地过程中，案例企业深入研究了预测准确度与额外跨仓物流之间的关系发现，更准的预测能减少临时性需求带来的跨仓发运，经测算，每提升 1% 的 FA 约带来对应的 1.6% 的跨仓率降低。

通过对比传统人工预测与 AI 预测，经过全年的测算，可以发现由预测准确性的提升带来的相对跨仓率降低大约为 12%。

将复杂的模型转化为业务人员可理解的内容之后，可以帮助一线人员更好地理解模型的运作机制、输出结果及其背后的考量。

在项目落地的过程中，业务人员针对模型结果的反馈与挑战是项目迭代不可或缺的一环，为了高效应对这一需求，该数据团队通过实验设计，结合可视化工具，让业务人员更直观地观察到模型调整带来的损益。

基于业务使用场景优化各种交互工具，在不影响整体操作的前提下收集业务信息，实时复盘反馈业务修改策略，不断优化业务处理流程，赋予模型生命力，可解决预测结果交互难的痛点。

（3）供应链场景下 AI 落地的关键

①清晰统一的数据。一份好的数据胜过几周的模型调优，规范干净的数据不仅能够稳固支撑从商业智能（BI）到人工智能（AI）的跨越，还确保了信息价值的最大化挖掘。同时，开发平台要统一，全面的业务数据沉淀能最大限度地给模型提供信息，而且避免了重复开发。

②明确的业务场景。相较于 BI，AI 更像是多部门协同的后端流程优化，明确的业务痛点有利于推进项目落地，跟进评估效果，改造业务流程，此过程需要跨部门紧密合作，并常伴随绩效提升部门的介入，持续精进，推动 AI

落地，推动库存管理与预测实现从量变到质变的转变。

③充分紧密的沟通。库存管理与预测的 AI 项目落地，优化算法技术层面，强调业务交互的同时，伴随交互产品的落地，让业务产品具备持续的生命力。

④投入耐心与时间。无论是基于 BI 还是 AI，发现问题与改进问题都是持续精进的过程，数据带来的指标变化需要时间呈现，甚至在一次次的调优中察觉不出变化，但项目前后比较后，会发现明显进步。持续迭代的模型，对于优化库存管理与预测，具有重要意义。

（4）数据挖掘技术应用于中小企业库存管理的启示

决策型库存管理系统设计：针对中小企业的特点，结合企业现状，利用神经网络算法设计确定安全库存量的模型，构建面向中小企业的决策型库存管理系统，为中小企业提供可靠的库存控制决策依据。

供应链库存控制与优化：将数据挖掘技术应用于供应链的库存控制与优化，指导企业的各项活动，设计供应链的核心企业的数据挖掘应用原型系统。

基于数据挖掘的库存分析系统设计与实现：利用数据挖掘技术，提取 ERP（企业资源计划）系统中的库存原材料数据，预处理当前库存原材料数据，构建决策树模型，该模型凭借其强大的分类与预测能力，对库存原材料实施了增强的 ABC 分类。这一创新举措也能提升 ETO（按订单设计制造）型企业库存管理的精度和效率。

库存管理数据挖掘系统分析与设计：开发面向库存管理的数据挖掘系统，建立面向库存水平分析主题的数据仓库和相关指标体系，利用 BP 算法挖掘知识，分析并预测库存水平，为企业提高库存管理水平提供帮助。

基于数据挖掘技术的分析型库存管理系统设计：建立基于数据挖掘的分析型库存管理系统，将其与神经网络算法模型相结合，设计确定安全库存量的算法，设计面向流通企业的分析型商品库存管理系统。

供应链管理系统中数据挖掘技术的应用设计：如福达集团供应链管理系统应用数据挖掘技术开发两个模块——仓库管理子系统的库位选择和配送管理子系统的配载路径选择，已取得巨大的成功。

总之，数据挖掘技术在不同领域和层面上对中小企业库存管理水平提升

有着重要作用，从决策支持、供应链优化到具体的库存控制和分析，数据挖掘技术为中小企业提供了科学、有效的管理手段。

3.3 客户体验提升策略

在库存管理与优化领域，智能推荐系统巧妙地融合了深度残差网络的深度学习能力与 Kmeans 聚类算法的高效性，对商品图像与库存数据进行深度整合分析。这一创新举措深入挖掘了用户行为模式、商品独特属性、市场动态趋势乃至图像中微妙隐藏的用户偏好信号，实时匹配库存状态，实现了高度个性化的精准商品推荐，极大地增强了客户的购物体验与满意度。

构建于云平台的电子商务商品智能推荐系统，凭借其强大的数据处理能力，有效弥补了传统推荐系统的局限，显著加速了用户在浩瀚商品海洋中精准定位心仪之物的过程，同时提升了推荐的精准度，让购物之旅更加顺畅高效。

进一步地，盈利能力导向的推荐策略将商品的经济效益纳入考量，在确保推荐精准性的前提下，最大化预期收益，既增强了推荐系统的商业价值，也助力商家实现收益增长。

在大数据浪潮的推动下，个性化服务智能推荐系统应运而生，它依托大数据技术与人工智能的深度融合，有效解决了信息过载的难题，实现了数据驱动的个性化信息推送，为用户带来前所未有的体验升级。

针对推荐系统性能的优化，研究聚焦于用户与物品匹配度的精准把握，通过构建精细化的用户画像，结合用户标签与物品特征的深度匹配，为提升推荐系统的准确性与即时性提供了坚实的理论基础与实践指导。

顾客反馈作为宝贵的优化资源，被智能推荐系统充分利用。通过细致分析顾客评论与评分中的偏好与不满，系统不断优化推荐算法，确保每一次推荐都能更加贴近用户的真实需求，从而大幅提升用户体验。

最终，混合推荐系统的实施成为提升个性化客户体验的关键。该系统巧妙结合了领域特定推荐与基于项目推荐的双重优势，既保证了处理大数据的能力，又实现了推荐内容的精准与丰富，为用户带来前所未有的个性化购物享受。综上所述，智能推荐系统在库存管理与优化领域的全面应用，以其高度的精准性、效率与个性化服务，正深刻改变着客户的购物体验，引领着零售行业的未来发展方向。

3.4 推动行业创新与竞争力提升

在零售业中，AI 的应用已经成为推动行业创新和提升竞争力的关键因素。

3.4.1 零售业的头脑风暴工具

在零售业的头脑风暴中，可以利用多种工具来促进创新性思维和激发灵感。头脑风暴的主要工具介绍如下。

思维导图：使用 MindManager 或 XMind 等思维导图工具，可以帮助团队成员在一个视觉化的框架中展示和组织他们的想法，从而更好地理清思路。

白板 / 翻页纸：通过使用白板或大幅翻页纸，团队成员可以随时记录和展示他们的想法，还可以进行集体讨论和修改。

“6 帽思考法”：使用六种不同颜色的帽子代表六种不同的思维模式，可以帮助团队成员从不同的角度思考问题，激发出更多具有创新性的想法。

SWOT 分析：针对零售业的内部优势和劣势以及外部机会和威胁，SWOT 分析工具可以帮助团队找到创新的契机，并规避潜在风险。

用户旅程地图：通过用户旅程地图工具，如 Smaply 或 UXPressia，团队可以更好地理解顾客的购物体验，从而发现改进点和创新机会。

数字化协作工具：例如 Slack、Microsoft Teams、Trello 等，这些工具可以帮助团队成员在线上共享想法、资源和文件，并进行实时的协作。

创意挑战：使用专门的创意挑战平台或工具，如 IdeaScale 或 Stormboard，可以让团队成员在一个结构化的环境中提交和评审创意。

以上这些工具可以帮助零售业团队在头脑风暴中更加高效地展开合作，激发创新思维，发掘新的商业机会，推动企业的发展。

3.4.2 AI 辅助零售业生成创新性的想法策略

将 AI 技术应用在零售业的头脑风暴中，生成创新性的想法和策略，对零售业的发展具有十分重要的借鉴意义。常见的应用系统如下。

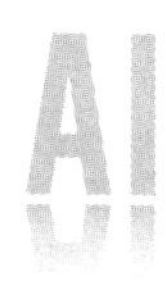

智能商品推荐系统：开发基于 AI 技术的智能商品推荐系统，通过分析客户的购买历史、偏好和行为，为用户提供个性化的商品推荐，促进交叉销售，提升客户满意度。

虚拟试衣间体验：引入虚拟现实技术，打造虚拟试衣间体验，让顾客可以在线上尽情地试穿各种服装，提升购物乐趣和便捷性。

无人商店：利用自动识别和支付技术，建立无人商店，可实现 24 小时不间断购物体验，提高便利性和效率。

智能化库存管理：利用 AI 技术优化库存管理，可以实现库存精准预测和自动补货，降低滞销风险和运营成本。

即时物流服务：建立即时物流网络，实现快速配送服务，缩短配送时间，提高客户满意度。

全渠道一体化：实现线上线下全渠道一体化营销和服务体验，让顾客可以在不同渠道间自由切换、无缝购物。

在 AI 的帮助下，以上创新性的想法和策略可以帮助零售企业在激烈的市场竞争中脱颖而出，提升品牌竞争力，吸引更多顾客并增加销售额。

3.4.3　AI 技术应用于零售业的价值

AI 技术在零售业中的应用主要集中在数据管理、业务流程优化、客户体验提升和商业模式创新等方面。AI 技术通过自动化简化操作、个性化服务精准触达、互补性增强整体效能和创新驱动变革这四大逻辑源源不断地创造价值，从而显著提升 AI 在数据管理策略中的执行效能。此外，AI 还可以在供应链管理、运营优化、用户服务等方面重塑零售价值链，创新智能零售。

AI 技术在零售业中的广泛应用，加快了整个行业的发展速度。在数据管理领域，AI 技术可以帮助零售商管理大数据，包括销售数据、库存数据、客户数据等，而应用数据挖掘、预测分析和个性化推荐等技术，有助于零售商更好地了解市场趋势、客户需求，优化商品管理和促销策略；在业务流程优化方面，AI 技术如自动化库存管理、智能化供应链优化、智能客服系统等，可以提高工作效率，降低成本，并提供个性化、便捷化的服务体验；基于数据驱动的精准营销、智能化定价策略、线上线下融合的智慧零售等，可以帮助零售商进行商业模式创新。

总的来说，AI 技术在零售业中的应用已经成了行业发展的关键驱动力之一，未来随着技术的不断进步和应用场景的不断拓展，AI 技术在零售业中会有更大的应用价值。

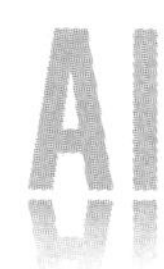

第 4 章　AI 在短视频运营中的应用

4.1　AI 绘画与视频制作

4.1.1　AI 绘画与艺术创作概述

AI 在艺术创作领域的应用已经成为一个重要趋势，它为艺术家提供了新的工具，同时也引发了人们对艺术创作本质、原创性以及技术与艺术关系的广泛讨论。

（1）生成艺术

生成艺术，深度融合了机器学习与深度学习的精髓，其核心在于赋能计算机系统以人类艺术家的视角与创造力，模拟并超越人类创作艺术的全过程。AI 不仅能够被精心训练，以创作出图像、绘画乃至音乐等多元化的艺术形式，其产出的作品更是常常令人惊叹。

AI 在视觉艺术领域的非凡成就，尤为归功于生成对抗网络（GAN）这一深度学习模型的飞速发展。GAN 以其独特的架构——生成器与判别器两大神经网络并驾齐驱，构成了一场智慧与真实的较量。生成器孜孜不倦地创造着接近完美的艺术样本，力求以假乱真；而判别器则扮演起严格裁判的角色，精准区分每一份数据的真伪。在这场竞赛中，两者相互促进，共同进步，直至生成极为逼真的艺术作品。

此外，AI 还巧妙地运用诸如 VAE（变分自动编码器）等其他神经网络模型，进一步拓宽了艺术创作的边界，探索着前所未有的艺术表现形式。通过深度学习技术，AI 能够基于庞大的数据集，仅凭文本描述便能绘制出栩栩如生的图像，展现了 AI 在视觉艺术创作上的无限潜能与创新能力。这一人工智能与创意艺术的深度融合，不仅挑战了我们对艺术创作的传统认知，也激发了关于创作权归属、原创性界定以及技术伦理等深刻议题的广泛讨论。

（2）艺术风格转换

艺术风格转换利用深度学习技术，特别是卷积神经网络（CNN），提取高级图像信息，实现图像内容和特定艺术风格的分离与重组，创造出新的视觉体验。近年来，随着深度学习技术的发展，艺术风格转换取得了显著进展。

StyleBank 提出了一种明确表达风格的方法，应用多个卷积滤波器银行[1]分别表示各种风格；如果配合单个自编码器学习，可以融合图像甚至区域级别的风格。将传统文本映射方法与神经风格转换[2]结合，为神经风格转换提供了新的视角。

ArtFlow 引入了可逆神经流和无偏特征转移模块，解决了普遍风格转换中的内容泄漏问题，支持前向和后向推理。这样可以在重新映射深度特征回输入图像[3]时保持内容的完整性，实现风格转换而不失真。

NeAT 方法将前馈风格转换[4]重新定义为图像编辑任务，而不是生成任务，更好地保留原始内容并匹配目标风格，解决了“风格晕圈”[5]问题。该方法的成功部分归因于使用 BBST-4M 数据集，这是一个大规模、高分辨率的图像数据集，用于提高和评估 NeAT 在不同风格上的泛化能力。

---

[1] 卷积滤波器银行是一种用于表示不同风格的方法，通过多个卷积滤波器集合来捕获和表达图像中的不同风格信息。这些滤波器银行可以与神经网络模型一起学习，实现对图像内容和风格的有效分离与重组。

[2] 神经风格转换是一种利用深度学习技术，特别是卷积神经网络，将一幅图像的内容与另一幅图像的艺术风格相结合，创造出新的图像。这种技术能够将输入图像的内容和风格分离开来，然后将内容与所选择的艺术风格重新组合，生成具有新风格的图像。神经风格转换技术已经被广泛运用于艺术创作、图像处理等领域，使图像编辑和艺术设计具有了新的可能性。

[3] 回输入图像指的是在进行神经风格转换或其他图像处理操作时，将处理后的图像重新映射回原始的输入图像。这个过程可以确保处理后的图像在视觉上与原始输入图像保持一致，从而实现对图像内容和风格的有效处理与转换。

[4] 前馈风格转换是一种图像处理技术，用于将输入图像的风格转换为特定的艺术风格或样式。这种方法通常通过深度学习神经网络来实现，能够快速、高效地对图像进行风格转换，而不需要反复地优化或迭代。

[5] “风格晕圈”是在风格迁移和风格转换等图像处理任务中经常会遇到的问题，指的是在处理图像时可能出现的风格信息混乱或模糊，导致生成的图像缺乏清晰的风格特征，或者同时包含多个混合的风格元素，使得最终结果不符合预期。解决风格晕圈问题对于确保生成图像具有清晰、一致的风格特征至关重要，通常需要采用更复杂的算法或技术来促进风格信息的传递和保持。

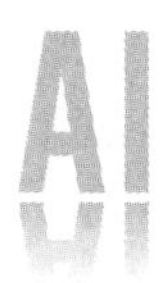

基于深度神经网络的视觉媒体风格转换方法引入了多项创新，包括风格基元的多风格前馈网络算法、特征光流和门网络的实时视频风格转换算法，以及特征中间域融合机制的立体图片和视频风格转换算法。这些研究表明，深度学习在艺术风格转换领域有着广泛的应用潜力和一定的灵活性。

目前，AI 在艺术风格转换领域已经取得了显著进展，提升了图像处理质量，使艺术创作具有了新的可能性。通过持续的技术创新和方法优化，未来可以实现更精细、个性化的艺术风格转换，进一步拓展人工智能在艺术创作领域的应用。

（3）艺术协助工具

AI 作为艺术家和设计师的辅助工具，主要在提供创意灵感、设计建议和自动生成艺术元素方面发挥作用，不仅能帮助艺术家尝试新的创作方式，还提高了工作效率。AI 在艺术创作和设计领域的应用广泛，包括支持设计过程、生成雕塑作品、增强人类创造力，以及在艺术创作中提供情感反应和自我反思能力。在优化工具、提高效率，多样化设计方式方面，AI 技术深刻影响了艺术设计，不仅为个性化文化创意产品提供新思路，而且展现出了创新的可能性。AI 可用于创作交互式艺术作品，实现与观众的互动，营造更具沉浸感的艺术体验。这种互动性为艺术创作开辟了新领域，使作品不再是静态展示，而是动态体验。

如今，人们开始乐于接受由 AI 创作的艺术作品，并将其视为真正的艺术作品。尽管 AI 无法完全模仿人类艺术家的情感和意愿，但在创作中仍然扮演着重要角色，为艺术家带来了新的灵感和视角。

AI 作为艺术家和设计师的辅助工具，已经展现出巨大潜力和价值。AI 推动了新方法和思路的探索，提高了创作效率和作品质量。随着 AI 技术不断进步，其在艺术创作和设计领域的应用将更加广泛和深入，为艺术创作带来更多可能性和发展机遇。

4.1.2　AI 绘画技术

AI 绘画技术是一种利用人工智能进行艺术创作的方法，通过计算机算法和机器学习技术生成与操纵数字图像。近年来，随着 AI 技术的快速发展，AI

绘画已成为艺术创作的重要分支，对传统绘画行业产生了深远影响。

AI 绘画技术的发展经历了从早期的机械臂机器人到中期的对抗式算法，再到当前的大语言模型等阶段。这些技术的进步不仅提升了 AI 绘画的质量和速度，也推动了艺术创作方式的变革。例如，基于生成式对抗网络（GAN）的 AI 绘画技术能够通过深度学习生成独特的数字艺术形式，并自动化执行传统绘画过程中的多项任务，展现出前所未有的创造潜力。

AI 绘画的艺术性和创造力仍然是一个备受争议的话题。一方面，虽然 AI 绘画在模仿人类绘画方面取得了进展，但其缺乏真正的创作意图，其程序本身的艺术价值可能超过了画作的艺术价值。另一方面，也有观点认为 AI 具有创造力，并就 AI 绘画作品是否具有艺术性展开了辩论。

AI 绘画技术的应用不仅限于艺术创作领域，还广泛应用于原画创作、重大题材绘画等领域，为艺术家开辟了前所未有的创意空间和表现手段，同时也伴随着新的机遇和挑战。与此同时，AI 绘画技术的发展也引发了关于身份主体性、版权归属以及伦理争议等一系列问题。这些问题需要在技术发展的同时得到认真思考和解决，以促进 AI 绘画技术的健康发展和艺术产业的可持续发展。

尽管 AI 绘画技术在艺术创作领域取得了一定的成就，但它仍然面临着许多挑战和限制。例如，AI 绘画的机械性质限制了其在选择绘画材料和设置印刷参数方面的多样性，而且在审美欣赏方面，AI 绘画作品与人类艺术家的作品存在根本差异。因此，未来的研究需要进一步探索如何更好地将 AI 技术和传统绘画艺术形式相结合，以促进艺术创新和科技人文的可持续发展。

4.1.3 AI 视频制作技术

利用自然语言处理和语音合成技术，AI 能够自动生成视频脚本或给视频进行配音，极大地降低了视频制作的门槛。例如，新华 AI 视频提供了字幕自动配音、视频字幕提取等多种智能辅助编辑功能，有效地降低了视频制作门槛。这些技术的发展为视频制作行业带来了更多的便利和可能性，同时也提升了视频内容的生产效率和质量。

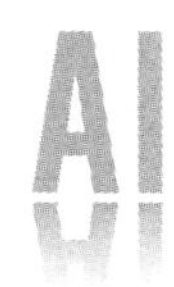

AI 技术使得个性化推荐成为可能，通过分析用户的观看历史、偏好等数据，AI 能够为用户推荐他们可能感兴趣的内容。例如，Seq4Rec 算法通过分析用户的历史播放行为序列，生成个性化的视频推荐。个性化推荐系统的发展为用户提供了更加个性化、精准的内容推荐，提升了用户体验，同时也提升了内容提供商的内容传播效率和用户参与度。

AI 技术的应用有助于提高视频内容的质量和生产效率。借助深度学习和大数据分析的前沿能力，AI 能够帮助创作者精准捕捉行业趋势，助力创作者精准定位，生成高质量的内容。此外，AI 还能够优化视频审核流程，提高内容分发平台的整体用户体验。这些应用不仅提升了内容创作的效率，还为用户提供了更具吸引力和高质量的视频内容，推动了整个视频内容行业的发展与进步。

AI 技术的发展促进了人机协同式短视频创作的出现。在这种模式下，AI 不仅能辅助创作者完成视频的拍摄和编辑，还参与到创意过程之中，与创作者共同探索新的创作方法。这种人机协同创作的模式为创作者提供了更多的创作可能性和灵感，同时也提高了创作效率，为视频内容的创作与生产注入了更多创新的力量。

AI 技术在视频质量提升方面应用广泛。通过深度学习分析，AI 可以自动识别和修复视频中的错误部分，如使用生成式对抗网络（GAN）对历史素材进行修复。此外，AI 还能改善视频的色彩显示、提高分辨率，使得质量较低的视频呈现出更清晰、生动的效果。同时，得益于 AI 技术在视频编码和压缩方面的应用，深度学习的视频编码技术提高了压缩效率，降低了网络视频传输所需的带宽，提升了传输速度和观看体验。在视频处理方面，AI 技术通过学习大量视频样本，AI 能自动完成包括剪辑、特效、色彩校正等在内的任务。

可以说，AI 技术在视频内容创作和个性化推荐方面取得了显著进展，然而，确保内容符合道德和法律标准，解决信息过载问题，以及持续进行技术创新和监管完善等，是确保视频内容行业健康发展的关键要素，但目前仍然面临诸多挑战。

4.1.4 案例分析

打开紫东太初网站，在界面中，用户可以输入关于自己想要生成的图像的文字。这个描述可以是简单的物体名称、场景描述、抽象概念等。

第一步，按下生成按钮，系统会根据用户的描述生成对应的图像，并显示在界面上。请注意，目前紫东太初可能需要一定的时间来生成和处理图像，具体时间取决于用户的描述内容和网络状况。用户还可以尝试不同的描述内容，以探索紫东太初的图像生成能力。如图 4-1 所示，一只高度逼真的毛茸茸的臭鼬，犀利的眼神，显得自信满满。

图 4-1　艺术家精湛地用数字艺术描绘了毛发和纹理的细节

第二步，输入以下描述性文字，自动生成一幅画：“一个凶猛的花园战士，身披由树叶和树皮制成的盔甲，挥舞着一把微小的剑和盾牌。他勇敢地站在一块岩石上，被一片盛开的花园所环绕，周围是五颜六色的花朵和高耸的植物。他脸上有着坚定的表情，准备保卫他的花园王国。”见图 4-2（1）。

第三步，输入以下描述性文字，自动生成一幅画：“一个冰冷的景观，在星光璀璨的天空下，一座壮丽的冰瀑从悬崖上流淌而下。在场景的中心，一

团火焰熊熊燃烧，其火焰似乎被冻结在原地，将周围的冰雪照耀成一片闪烁的光芒。”见图4-2（2）。

（1）

（2）

图4-2　AI生成的图片

4.2　AI思维导图工具

4.2.1　AI思维导图工具介绍

AI思维导图工具是指利用人工智能技术来辅助用户创建、管理和展示思维导图的工具。以下是一些常见的AI思维导图工具：MindMeister，提供在线协作功能，支持多平台访问，具有可视化和动态更新的特性；IBM Scenario Planning Advisor，通过生成多种未来情景帮助用户细化目标，并支持决策制定；StepByStep AI Planner，通过构建知识树，快速构建规划树，帮助用户制订实现目标的计划。这些工具结合了人工智能技术，可以帮助用户更有效地明确目标、制订计划、持续迭代，并在实践中不断验证和优化。

4.2.2　AI思维导图工具的价值

AI思维导图工具是利用人工智能技术帮助用户进行思维整理和知识管理，适用于移动设备平台和教学、企业管理等多个领域。这些工具不仅融合了图示的直观性、视觉的冲击力，还通过交互化与隐喻化的设计，极大地提升了用户的操作灵活性和工作效率。尤其是在教育领域，它们被广泛应用，促进了学习者的理解力、记忆力和思维能力的发展。

AI 思维导图工具通过智能推荐学习资源、促进创新思维、增强协作能力和提升审稿质量等多种方式，有效地提高了学习效率。这些工具不仅支持学习者找到合适的材料和学习路径，还促进了创新思维的发展，增强了协作能力，并提升了审稿的质量。

利用 AI 思维导图工具有效实现目标、规划、更新和应用的关键在于：首先，利用可视化特性明确和具象化的目标，例如 IBM Scenario Planning Advisor 可以展示多种未来情景，以帮助用户细化目标。其次，采用高效的规划策略，如 StepByStep AI Planner，通过构建知识树和规划树来系统地组织计划，并确保考虑到所有必要的行动。再者，工具应支持动态更新功能以适应变化，例如 MindMeister 的“泛在”特性可随时访问和更新思维导图。最后，通过提供决策背后的解释来增强用户对 AI 的信任和遵循度，例如通过比较不同行动计划的可能结果，为用户展现 AI 智能决策的合理性，促使用户更积极地采纳并执行这些建议。

4.2.3 亿图图示工具

（1）时间线绘制软件——亿图图示

亿图图示是一款适用于商务办公、战略规划、市场分析、人力资源管理、工程管理等领域的综合办公绘图软件，支持多种电脑系统，也支持线上网页操作绘图。在亿图图示中，可以绘制诸如时间线、系统图、组织结构图、商务图表等 260 余种图表。此外，亿图图示也提供了十分丰富的模板和例子，使用者不用从头一步一步设计绘制，只要选择好符合需求的模板，对其进行适当修改和完善，即可绘制出直观、大方的图表。当然，也可以全程自行设计页面，选择更多样。

（2）五步图文便捷绘制时间线

时间线是什么呢？就是以时间点为轴，记录在各个时间点上发生的事情，如图 4-3 所示。时间线的定义很简单，但是用法、目的各不相同，需要根据自己的需求绘制。有的人用来作为手账的时间轴，记录了过去生活

中的点点滴滴，如看过的电影、走过的路等，等到下次再看见时，便能回想起那段时光；有的人用来规划未来的日程安排，甚至以小时为单位，井井有条地详细规划一整天的生活，或者用来督促自己完成任务，成为更好的自己；或者用来记录谈恋爱的每个“第一次”，如第一次说我爱你、第一次一起看电影、第一次见家长等，类似于记录生活中具体的事件，通过时间线来将生活数据化，但是看着这些时间点和文字，又能回想起当时羞怯的心情。

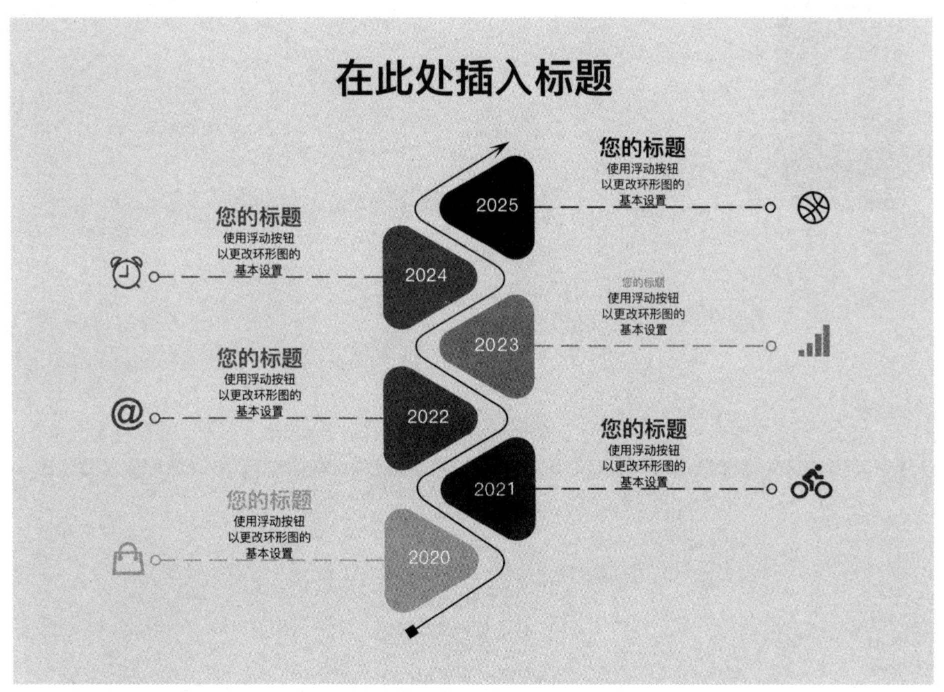

图 4-3　五步图文绘制时间线

如何绘制一幅时间线？首先，需要明确这幅时间线是用来记录什么的，然后只需按照下列步骤操作，一幅时间线就可以绘制完成。

第一步，下载“亿图图示”软件，或者通过浏览器访问在线版亿图图示。打开软件，就可以开始作图了。

第二步，新建一幅时间线。依次点击“商务”→“时间线”，从图 4-4 的模板中选择一个打开即可。

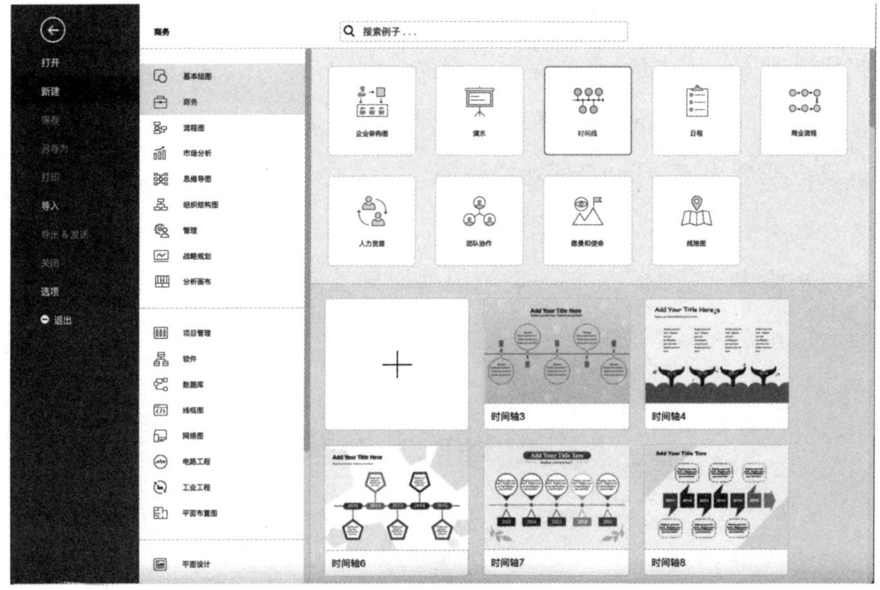

图 4-4　亿图时间线模板库

第三步，画布左侧提供了多种基本绘图形状、背景和时间线，如果用户对当前所选模板不满意，便可以从左侧区域双击选取适宜的形状、背景和时间线来绘制出一幅新的时间线，如图 4-5 所示。

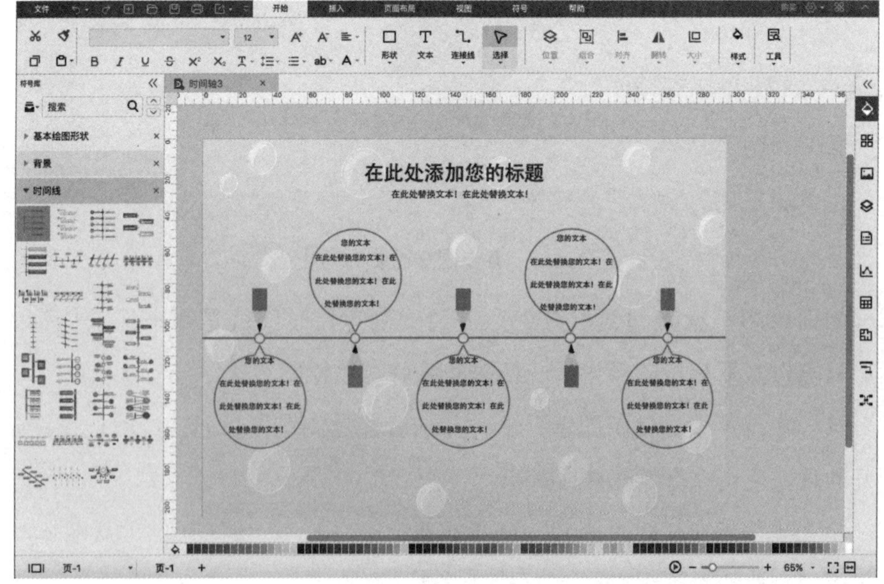

图 4-5　亿图的画布界面

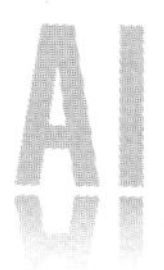

第四步，双击选中画布模板中的文字即可修改。如果需要添加新的文本，可以点击上方的文本按钮来新添一个文字模板。

第五步，时间线绘制完成后，可以点击右上角的保存、打印、导出等按钮。保存绘制完成后的时间线，选择将作品导出为图片、PDF、SVG、Visio 等格式，见图 4-6。

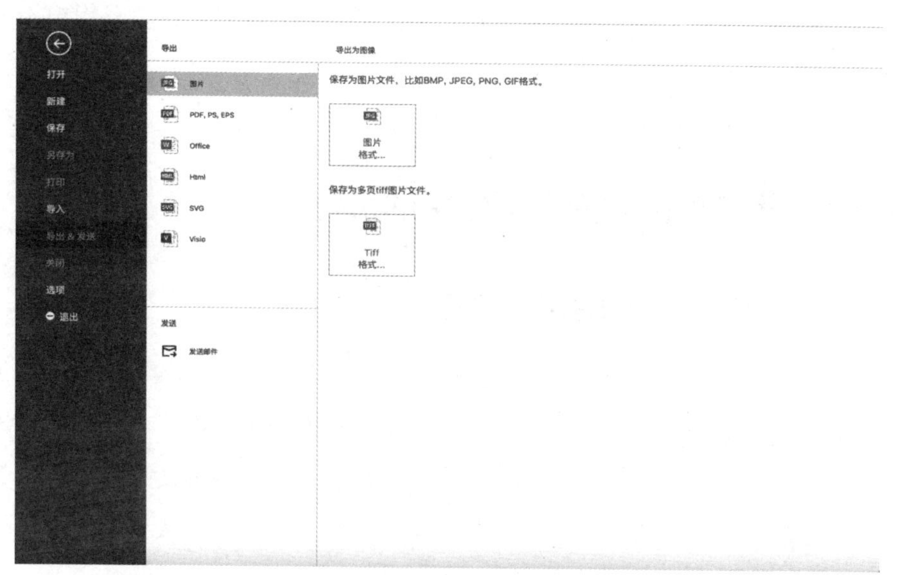

图 4-6　绘制时间线保存格式的选择

（3）亿图图示绘制时间线的价值

①符合国人需求。亿图图示是一款国产软件，经过了 16 年的更新迭代。作为一款成熟的办公软件，亿图图示可以实现跨平台综合办公绘图，而且无论是界面还是功能都比较贴合国人的使用习惯，全中文界面简单明了。

②支持多种格式导入。绘制表格类模板时，不仅可以一键将导入 Visio、SVG 文件，还可以将 Visio 文件批量转化为亿图文件，轻松实现文件数据转移，避免时间浪费。

③支持多种格式导出。除了各种图片格式，亿图图示还支持保存为 Html、PDF、SVG、Microsoft Word、PowerPoint、Excel 等多种格式。在常见的软件中应用都可以找到与之相匹配的文件格式。

④软件操作简单。亿图图示界面简单明了，功能强大，无须自行绘制。

因为亿图图示的一大特色便是自带模板，通过拖拽式操作，没有绘画基础的新手也能迅速绘制出有水准的图表。

⑤丰富的绘图模板。亿图图示拥有 260 余种不同类型图标的模板，据统计内置超过 26000 种图形模板和矢量符号，供用户任意选择，用户可以修改完善模板，搭建起符合要求的演示模板。

⑥便捷式分享。图表绘制完成后，不仅可以以多种格式保存，用户不会被格式的问题所困扰，还可以一键分享至微信朋友圈等。此外，新版的亿图图示还提供在线多人协作模式，大幅提升了工作效率。

4.3 AI 在短视频内容创作中的价值

4.3.1 降低短视频内容制作门槛

AI 技术使得视频编辑更加自动化和更加高效。例如，新华 AI 视频提供了多种智能辅助编辑功能，大大降低了视频制作的技术要求，可以让更多人参与到短视频制作中。基于深度学习的图像视频拍摄与编辑技术提出了创新性解决方案，提高了拍摄和编辑质量，减少了用户在素材拍摄与编辑过程中的时间和精力投入。

4.3.2 加速短视频内容生产

AI 应用于视频制作中，利用自然语言处理技术，如字幕自动配音、视频字幕提取等，提高了视频内容的可访问性和观众理解度。AI 技术能够识别语音内容并将其转换为文本，提高了内容生产效率，确保信息可以准确传达。AI 技术应用于图像识别和处理方面，如画质修复和 AI 剪辑等，极大地提高了视频内容的质量和吸引力。此外，AI 技术还可以应用于视频内容的自动审核，以确保内容的合规性和适宜性，快速识别和过滤不适当内容，保护用户免受不良信息影响。

AI 技术赋能短视频智能化生产，除了提高内容生产效率、优化用户体验外，还能提升内容生产的质量，使得短视频制作更加智能化、自动化，促进了短视频内容创新和多样化发展。

4.3.3　提升短视频内容质量

AI 技术在提升短视频平台内容质量方面涉及三个关键步骤。首先是利用深度学习技术进行视频内容分析，包括识别、分类和推荐系统，通过卷积神经网络、循环神经网络和长短期记忆网络等模型算法提取视觉和音频特征。例如，使用 Inception-v3 模型（一种深度卷积神经网络架构）提取视觉特征，再通过多层长短期记忆网络模型学习特征序列表达视频类别。其次是应用张量分解技术降维和提取特征，优化视频内容分析效率，将高维视频数据映射到低维空间，张量分解技术能帮助我们降低计算复杂度，同时保留重要信息和特征，特别适用于大规模视频数据集和实时推荐系统。最后，通过基于观众行为数据的统计异常检测方法，预测受欢迎片段，将卫星电视观众行为数据作为真实兴趣的来源，分析观众兴趣的时间序列变化，识别观众感兴趣的“热点”片段，从而生成更符合用户偏好的亮点视频。

4.4　AI 在短视频运营中的实践与案例

4.4.1　AI 生成视频的主要优点

AI 生成视频的优点较多，包括有更多声音选择、制作流程简化等。

如视频生成制作平台 DeepBrain AI，可调用 100 多种高度逼真的 AI 声音，覆盖 80 多种语言，轻松将文本转化为工作室级别的专业配音，打破了语言界限。用户只要输入任何语言的文本或上传 PPT 文件，就可以自动生成逼真的 AI 虚拟人视频。DeepBrain AI 通过对声音、身体特征、手势乃至地方语言等个体特征的精细模拟，构建出贴近真实人物的虚拟形象，结合精心准备的剧本，创造个性化的 AI 化身，广泛应用于各种视频制作场景，如培训视频、教学视频、营销视频、新闻视频等。

传统的短视频制作流程为：提出想法→拍摄脚本→拍摄素材→剪辑及后期处理→成片，而 AI 创作短视频，只要有脚本就直接跳过素材拍摄、剪辑及后期处理，直接出片。

我们知道，真人口播的创作流程是：想法→口播稿→真人拍摄→简单剪辑及后期处理（生成字幕 + 配 BGM+ 美颜）→成片。DeepBrain AI 的视频生成器提供了丰富的视频创作工具，用户直接在浏览器中便可创建完整的视频。应用 DeepBrain AI 强大的视频编辑功能，省去了摄像机、麦克风和演员，可以节省 80% 以上的时间和成本开支。

4.4.2 DeepBrain AI 创作 AI 口播视频的实操案例

下面，我们利用 DeepBrain AI 强大的智能化处理工具，演示一个视频制作流程。

第一步，打开 DeepBrain AI 网站，如图 4-7 所示。点击“创建免费的 AI 视频（Create a Free AI Video）”按钮，进入三栏页面：左侧选项栏包括升级（Upgrade）、生成视频剩余秒数（0 sec remaining）、主页（Home）、视频生成模板（Template）、头像选择（Avatars）、视频制作项目（Projects）、导出历史（Export History）、API 文档（API Doc）、AI 新功能（New AI Features）、初学者指南（Beginner’s Guide），见图 4-8。

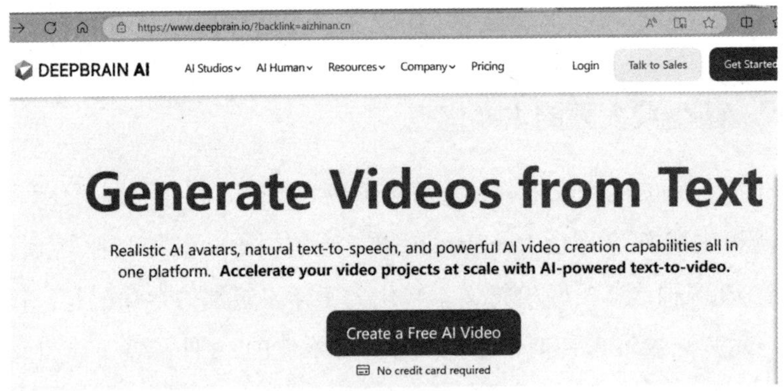

图 4-7　DeepBrain AI 主页

页面右上角为“创建视频项目（New Project）”的按钮选项。页面中央醒目区域依次出现：①“Paste, Generate, & Report（粘贴、生成并输出）”，可在此处粘贴您的博客或文章内容（适用于博客作者、新闻记者等）；②“Copy-Paste, Generate, & Sell（复制 - 粘贴，生成并出售）”，可在此处粘贴您的 URL（适用于亚马逊、Shopify、新闻 / 博客等）；③“Upload, Generate, & Transform into Video（上传，生成和转换成视频）”可在此处拖放任何静态文件（.PDF、.pptx、.docx 等）；④“Prompt, Generate, & Post Videos in Minutes（即时生成并

发布视频)”，提供一个话题即可生成 TikTok、YouTube 或任何社交媒体视频。

图 4-8　AI 创作视频快速入门的导航栏

页面中央导航是“Quick Start（快速入门）”栏目：① Topic to Video（主题生成视频），使用 ChatGPT 创建 AI 视频；② Article to Video（文章转视频），把新闻文章或新闻稿转换为视频；③ Docs to Video（文档转视频），以 .ppt 和 .pdf 格式导入；④ URL to Video（视频网址生成视频）；⑤实色背景（Solid Background），使用绿幕，⑥默认模板（Default Template），从一个模型和基本背景开始。用户也可以借助模板创建视频，如借助培训类、商业类、团体类、视频网站类等模板来创建专业化视频。

第二步，选择 AI 头像。从左侧工具栏选择 AI 头像，或者在页面右上角点击“创建视频项目（New Project）”按钮，选定 AI 头像后，进入如下界面，见图 4-9。

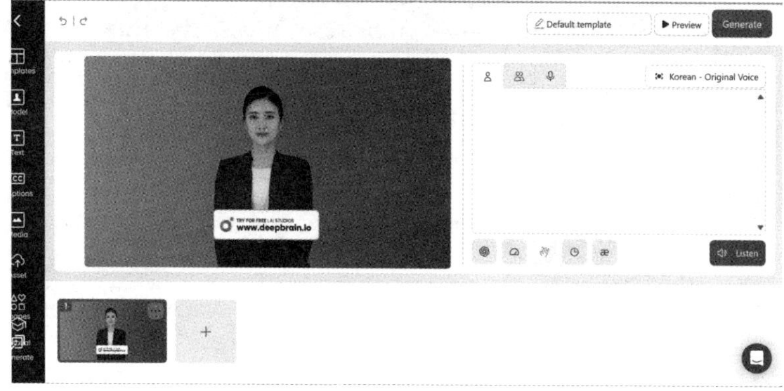

图 4-9　选定 AI 头像后的界面

第三步，选定中文语言，粘贴口播文字内容，见图 4-10。

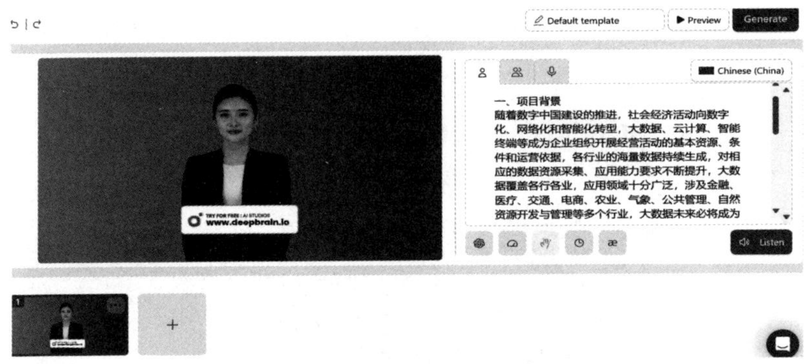

图 4-10　粘贴口播文字内容

第四步，选择右上角“生成（Generate）”按钮（该项服务收费），也可以选择“预览（Preview）”按钮，等待 1~10 分钟即可出片。根据内容长短不同，最多可以生成 5 分钟视频，见图 4-11。

Preview — （00:00 / 1 scenes）

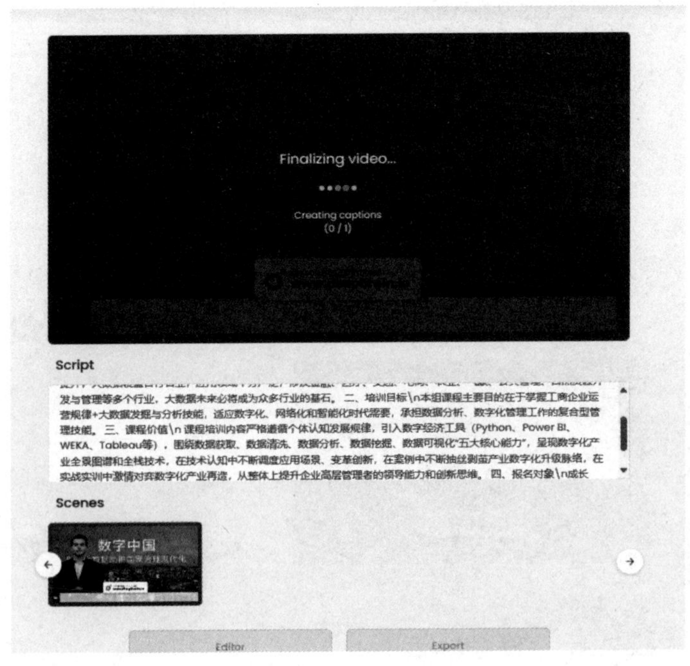

图 4-11　生成视频界面

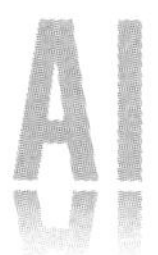

第五步，完成并下载。可再编辑图形、背景音乐和文字等完善视频元素。只需点击“生成”，您的视频就会在几分钟内准备好下载，并可在所有平台上分享，见图 4-12。

图 4-12　视频创作完成

第 5 章　AI 在电商直播中的实践

随着 AI 技术的持续飞跃，未来的数字内容创作将日益倚重于“GPU 加速与能效优化”的组合，大幅减少对人工的依赖，无缝融合社交、创意生成与即时分享，预示着继 GPT4 之后，多模态应用将在数字世界中掀起革命性浪潮，成为引领潮流的应用。

5.1　AI 数字人直播技术

顾名思义，数字人即为数字领域的“居民”，它们通过深度融合 AI 智能、精心设计的形象、高级建模技术以及高效能渲染引擎等 CG 技术的精髓，塑造出栩栩如生、近乎完美的虚拟人物形象。这些数字人不仅拥有独特的身份背景，还在视觉呈现上力求与真实人类无异，甚至超越，展现出相似的感知能力、流畅的交互体验以及复杂的行为模式，从而在心理层面上极大地缩短了与人类的距离，为用户带来前所未有的沉浸式情感体验。

在严谨的定义上，数字人、虚拟人及虚拟数字人虽互有关联，却各自蕴含着微妙的差异。虚拟人侧重于虚构身份的构建，其存在仅局限于数字空间；数字人则明确指出了其作为数字世界中的活跃角色；而虚拟数字人则进一步强调了其虚拟身份的纯粹性以及数字化制作的精髓，三者共同构成了数字世界中丰富多彩的虚拟生态。表 5-1 为三者的比较。

表 5-1　数字人、虚拟人、虚拟数字人比较

类别	含义	人物形象示例
数字人	“数字人”来源于英文 Digital Human，是存在于数字世界中的虚拟人物。其身份设定可以仿真现实世界中的人物，外观可以与真人完全一致。根据真实人物制作的数字版本也可称为数字孪生	明星数字人

续表

类别	含义	人物形象示例
虚拟人	网络上流行的虚拟网红、虚拟主播，称为虚拟人（Virtual Human），其身份是虚构的，并不存在于现实世界	虚拟国风偶像
虚拟数字人	虚拟数字人是指存在于非物理世界中，是通过计算机图形学、图形渲染、动作捕捉、深度学习、语音合成等计算机手段创造的，并具有多重人类特征（外貌特征、人类表演能力、人类交互能力等）的综合产物	香港雀巢咖啡推出的代言人 Zoe

5.1.1　数字人通用系统框架

人物形象分为 2D 和 3D，语音生成模块和动画生成模块生成对应人物的语音和动画，音视频合成显示模块生成视频，交互模块根据语音识别用户意图并决定数字人的动作与语音，数字人通用框架如图 5-1 所示。

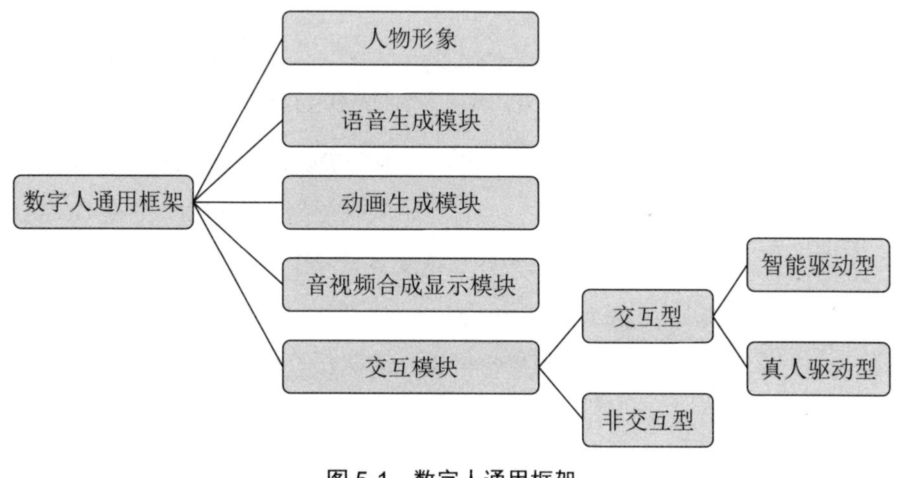

图 5-1　数字人通用框架

智能驱动型数字人通过智能系统自动读取、解析、识别外界输入信息，生成相应的解析结果，智能决策后续的输出文本内容，进而驱动 TTSA（Text To Speech & Animation，文本转语音与动画）技术，使数字人模型能够自然流畅地发出声音并配以生动的动作，实现数字人与用户互动。真人驱动型数字人通过真人的语音和动作驱动，利用视频监控和动作捕捉系统，把真人的表情、动作呈现在虚拟数字人形象上，从而实现与用户交互。不同类型的数字人需要不同的引擎或 AI 模型。对于追求极致细节与真实感的 3D 数字人而言，MetaHuman 建模技术结合 Unreal 虚幻引擎成为首选，它们共同赋予数字人以电影级别的视觉表现力。而对于偏好轻量化与快速生成的 2D 数字人，SadTalker 等基于照片生成的模型则提供了便捷高效的解决方案。此外，对于旨在通过真人视频训练实现语音合成与视频再现的高级应用，RAD-NeRF 等前沿训练框架的引入，更是让数字人能够以前所未有的真实度，复刻并超越真人的交流体验。

交互式数字人系统有一个完整的整体架构，见图 5-2。

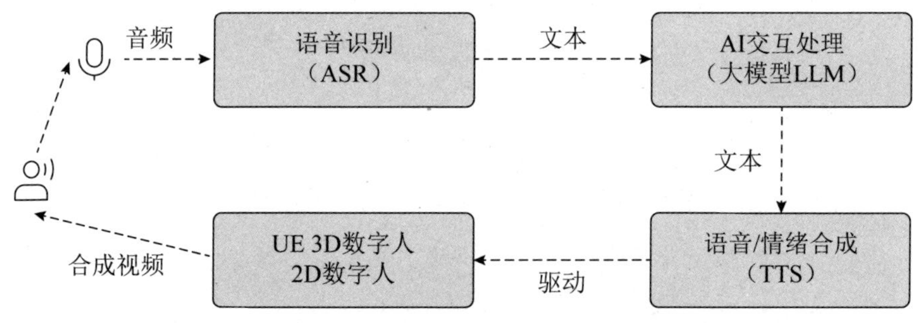

图 5-2　交互式数字人系统的整体架构

语音输入与识别是利用在线云服务或本地部署的自动语音识别（Automatic Speech Recognition，ASR）技术，将语音输入转化为文本形式，它是数字人理解和处理语音信息的基础。AI 交互处理是交互型数字人的核心功能，是利用大语言模型（Large Language Model，LLM）能够理解自然语言输入，并推理生成响应内容，赋予数字人真正的智慧与灵魂。语音合成是数字人实现语音输出的关键，通过语音合成（TTS）的 AI 模型，选择合成音色、采用真人语音进行模型训练，把文本转化为音频流，使数字人的表达更加自然。数字人驱动是利用合成音频数据，驱动前端数字人，实现语音与动作、表情的同步，见表 5-2。

表 5-2　AI 数字人交互环节应用

项目	技术	阶段	作用和目的
语音理解	ASR	感知阶段	将人的语音转换为文本
	NLP	决策阶段	处理并理解文本，以对话能力为核心，是数字人的大脑
	TTS	表达阶段	将需要输出的文本合成为语音
动作合成	AI 驱动嘴型动作	表达阶段	建立输入文本到输出音频与输出视觉信息的关联映射，主要是对采集到的文本到语音和嘴形视频（2D）/ 嘴形动画（3D）的数据进行模拟训练，得到相关模型，并智能合成
	AI 驱动其他动作	表达阶段	动作采用的是随机策略

创建 3D 数字人需要完成形象设计、建模、动画制作和行为逻辑定义。使用 Unreal Engine 系列工具，无须太多编程知识，通过可视化编辑和脚本语言创建数字人的行为逻辑，重要的是定义数字人如何接收音频流和情绪数据，以驱动其说话、唇形和动作，包括控制动作等，在 Unreal 引擎中导入模型进行动画和行为逻辑设计，最终实现数字人的高度逼真和使其具备交互能力。

5.1.2 “五横两纵”的技术架构

AI 数字人直播的建模、驱动和渲染三大关键技术相互依赖，构成了其底层架构的核心，共同作用于高度逼真的虚拟人物直播体验。

虚拟数字人的基础技术架构包括“五横两纵”。其中，“五横”是指人物生成、人物表达、合成显示、识别感知、分析决策等模块，“两纵”是指 2D 和 3D 数字人。2D 数字人较简单，而 3D 数字人需要三维建模技术。

①建模技术方面，主流技术仍为静态扫描，动态光场成为未来的重点发展方向。静态扫描技术的核心在于捕捉和分析目标对象的人体检测、人脸识别等领域特征。这种技术在效率、适用性和成本效益等方面具有明显优势。然而，静态扫描技术也存在一定的局限性，如对姿态变化的敏感度较低、对环境依赖性较强，以及在数据采集和维护方面面临挑战。相较之下，动态光

场三维重建技术具有高视觉保真度，不仅能够重建人物的几何模型，还可以一次性获取动态的人物模型数据。通过这种技术，可以高质量地呈现不同视角下观察人体时的光影效果。因此，动态光场三维重建技术成了数字人建模领域的重要发展方向。

② AI 数字人建模的智能合成和动作捕捉技术，用来捕捉和模拟人类的动作、表情等，主要体现在提高虚拟角色的真实感、自然度及交互性，更加逼真地模仿人类的行为，在游戏、影视特效、教育培训等领域得到了广泛应用。

智能合成技术已经实现了 2D 和 3D 数字人物的口型动作模拟，能够根据输入的文本生成相应的音频和视觉效果。尽管目前其他身体部位的智能合成功能仅限于录播，但其底层逻辑与 2D 和 3D 数字人嘴形动作的智能合成类似，都建立在将输入文本映射到输出音频和视觉信息的关联的基础上，见表 5-3。

表 5-3　数字人“五横两纵”框架

项目	2D 数字人	3D 数字人
人物生成	无	人物建模等
人物表达	语音生成、动画生成（驱动、渲染）等	
合成显示	终端显示技术	
识别感知	语音语义识别、人脸识别、动作识别等	
分析决策	知识库、对话管理等	

目前，将捕捉到的动作迁移到 3D 数字人身上是生成动作的主要方法。根据实现原理的不同，动作捕捉系统可分为光学动作捕捉、惯性动作捕捉和基于计算机视觉的动作捕捉。目前，光学动作捕捉和惯性动作捕捉技术占据主导地位，而基于计算机视觉的动作捕捉技术则成为研究的热点。

③ AI 数字人建模的 Unreal 和 Unity 渲染引擎，大幅提升了真实性与实时性。游戏领域的渲染引擎在提高渲染效果方面处于领先地位，尤其是 PBR（Physically Based Rendering，基于物理的渲染）技术和重光照等新技术的出现，使数字人的皮肤纹理更真实，毛发、衣物等细节得以还原，有效避免了

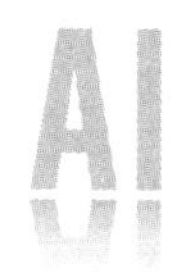

恐怖谷效应（即当人类看到类似人类的物体，特别是看到机器人时，会表现出害怕、恐惧等消极反应）。

5.1.3　AI 赋能“数智人”新阶段

随着 AI 技术的快速发展，虚拟数字人正转变为数智人。近年来，特别是 AIGC 技术（包括自然语言、图像、声音等多模态处理）的突破，覆盖了虚拟数字人建模、视频生成、驱动等全流程，推动了虚拟数字人的发展。

AI 技术在数字人制作中发挥了重要作用，降低了成本，缩短了周期，并实现了与真人更相似的外形和动作效果。特别是在 3D 数字人建模方面，AI 建模大幅缩短了时间，提高了效率，已经实现产品化并广泛应用，甚至可以实现 C 端应用，比如上传图片即可生成 3D 数字人面部模型。

随着多模态 AI 技术的进步，虚拟数字人的交互能力会显著提升，感知、思维和内容输出能力都将得到改善，其在思想、语言、行为上更加贴近真人，也会实现更高水平的智能化。

5.2　AI 脚本创作与优化

制作视频时，脚本创作是至关重要的一步。一般而言，脚本创作可以分为几个步骤：首先是找到思路和主题，然后起草初稿，包括对话、视觉描述和场景转换。完成初稿后，需要审查和修改脚本，以确保传达的信息准确、清晰。在这个阶段，使用 AI 工具如 ChatGPT，可以为我们提供更多的灵感，并帮助我们起草脚本。在修改后，也可以用 AI 工具进行润色。这种方法能够提高脚本的质量和效率，使视频制作过程更加顺利。

5.2.1　解说视频的脚本

用 AI 生成解说词的步骤很简单，只需在 AI 软件上输入提示语：“假设你是一个短视频创作者。请帮我用抖音的风格写一个关于 {AI 对话产品} 的解说视频脚本，这个产品主要用于智能对话，为用户解答问题、提供灵感、撰写文案。”输入 ChatGPT 后，几秒钟就会生成结果，如图 5-3 所示。

2024/4/5 07:01:24

假设你是一个短视频创作者。请帮我用抖音的风格写一个关于{AI对话产品}的解说视频脚本，这个产品主要用于智能对话，为用户解答问题、提供灵感、撰写文案。

2024/4/5 07:01:41

[场景：色彩明亮的办公室环境，一位时尚青年坐在桌前，手持手机，微笑着向镜头挥手]

主持人：Hi，大家好！欢迎来到今天的抖音科技探索！我是你们的主持人（微笑）。

[画面切换至手机屏幕，显示一个色彩鲜艳的应用图标，上方标注着“智能对话助手”]

主持人：今天我们要为大家介绍的是一款超强大的AI产品！它就是——智能对话助手！

[画面切换至主持人手持手机，手指轻触屏幕，打开了智能对话助手应用]

主持人：这个神奇的小助手不仅仅能解答你的问题，更能给你提供灵感、撰写文案！

[画面切换至主持人与智能对话助手的对话界面，主持人在输入框中输入“世界上最高的山峰是什么?”]

主持人（对着手机）：智能对话助手，请问世界上最高的山峰是什么?

[画面显示智能对话助手迅速回复：“珠穆朗玛峰是世界上海拔最高的山峰。”]

主持人：哇！真是快速又准确！不仅如此，它还能给你提供灵感，让你的创意无限涌现！

[画面切换至主持人输入“写个广告文案”]

主持人（对着手机）：智能对话助手，帮我写个广告文案吧！

[画面显示智能对话助手迅速生成一个吸引眼球的广告文案]

主持人：简直是太棒了！它不仅能解答问题，还能帮你省去写作的烦恼，让你的创意无限放飞！

[画面切换至主持人与智能对话助手的交互场景，主持人输入“讲个笑话”]

主持人（对着手机）：来，智能对话助手，给我讲个笑话吧！

[画面显示智能对话助手回复一个幽默的笑话，主持人哈哈大笑]

主持人：哈哈，简直是笑破肚皮啊！它不仅是你的智囊，更是你的开心果！

[画面切换至应用图标和主持人微笑的脸孔]

主持人：所以，赶快下载智能对话助手吧！让它成为你生活中的小助手，为你提供智慧、灵感和乐趣！

图 5-3　解说视频的脚本生成界面

5.2.2　宣传视频的脚本

用 AI 生成宣传视频脚本的步骤也是一样的，只需在 AI 软件上输入提示

语：“你是一个 { 短 } 视频创作者。请帮我为 { 一个为用户解决问题的智能客服软件 } 的宣传视频起草一份引人注目的行动号召。{ 行动号召应该会激励观众下载应用程序并开始免费试用。}”见图 5-4。

2024/4/5 07:32:47

你是一个{短}视频创作者。请帮我为{一个为用户解决问题的智能客服软件}的宣传视频起草一份引人注目的行动号召。{行动号召应该会激励观众下载应用程序并开始免费试用。}

2024/4/5 07:32:55

标题：解锁无限便利，与智能客服软件一起解决问题！

画面：忙碌的生活场景，人们手持手机，面对各种问题犹豫不决。

声音：生活中的问题总是让人头疼不已，但现在，解决它们变得更加简单！

画面：手机屏幕上出现了智能客服软件的应用图标，一个用户点击了下载按钮。

声音：智能客服软件，即刻解决你的所有烦恼！

画面：用户在应用中输入问题，立即收到了智能客服的快速响应和解决方案。

声音：无论你遇到什么问题，我们都有答案！

画面：用户满意地点头，表情舒缓，感受到解决问题的愉悦。

声音：不再犹豫，不再担忧，立即下载智能客服软件，解锁无限便利！

画面：应用商店的下载按钮闪烁，诱人而引人注目。

声音：现在就开始免费试用吧，让智能客服软件成为你生活中的得力助手！

画面：用户们纷纷点击下载按钮，一幕幕成功下载的画面在屏幕上展现。

结束语：解决问题从未如此轻松！立即下载智能客服软件，让生活变得更加便利！

图 5-4　宣传视频生成界面

5.2.3　叙事视频的脚本

用 AI 生成叙事视频脚本的步骤同上，只需在 AI 软件中输入提示语：“你现在是一个 { 中 } 视频创作者。请帮我为 { 一位小女孩在自家后院收养了很多流浪猫 } 的叙事视频写一个引人入胜的视频脚本。{ 内容要贴近生活，不要过于煽情。要展现出小女孩的淳朴以及小猫的可爱。}”见图 5-5。

2024/4/5 07:37:24 

提示词：你现在是一个{中}视频创作者。请帮我为{一位小女孩在自家后院收养了很多流浪猫}的叙事视频写一个引人入胜的视频脚本。{内容要贴近生活，不要过于煽情。要展现出小女孩的淳朴以及小猫的可爱。}

 2024/4/5 07:37:53

片名：《小女孩与流浪猫》

镜头：自家后院，阳光明媚，小女孩笑容满面，手里拿着一碗猫粮。

声音：在一个安静的小镇，住着一个特别的小女孩，她的名字叫小花。

镜头：小花蹲在院子里，周围围绕着一群流浪猫，它们围绕着小花，咕噜咕噜地叫着。

声音：小花是这个小镇的猫咪救世主，她在自家后院收养了很多流浪猫。

镜头：小花抚摸着一只小猫，小猫闭着眼睛享受着小花的抚摸，表情十分满足。

声音：每当她放学回家，总会有一群可爱的小猫在她的院子里等待着她。

镜头：小花拿出一碗猫粮，小猫们兴奋地围拢过来，开始享用美味的食物。

声音：她把每一只流浪猫都当作自己的朋友，给它们取了各种各样的名字。

镜头：小花和小猫们一起玩耍，院子里充满了快乐和欢声笑语。

声音：小花虽然年纪小，但她有着一颗善良的心，愿意为这些无家可归的小猫们提供温暖的家。

镜头：小花笑着和小猫们道别，它们一起在院子里嬉戏玩耍，场面温馨而和谐。

声音：就这样，小花和她的小伙伴们在这个小镇上过着幸福快乐的生活。

片尾：感谢小花，谢谢她为这些流浪猫带来的温暖和快乐。

注：此脚本以温馨、轻松的方式展现了小女孩与流浪猫之间的故事，突出了小女孩的善良和小猫的可爱，避免过于煽情，贴近生活。

图 5-5　叙事视频生成界面

通过这三个例子，可以明显看出利用 ChatGPT 创作短视频脚本的指令一般按照“定义属性（创作什么类型视频）”+“定义内容（创作什么内容的视频）”+“风格要求（引导 AI 用什么风格和角度去创作视频）”这个格式来编写。

5.2.4　优化创作视频脚本的步骤

当然，如果用户觉得进行简单化的处理，视频质量达不到要求，也可以选择精细化指导 ChatGPT 去创作视频脚本，以获得质量更高、更能满足需求

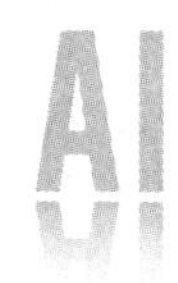

的视频。依据上文的“一位小女孩在自家后院收养了很多流浪猫”的叙事视频，优化创作视频的主要步骤如下。

第一步，引入主题和角色。

镜头：自家后院，阳光明媚，小女孩笑容满面，手里拿着一碗猫粮。

声音：在一个安静的小镇，住着一个特别的小女孩，她的名字叫小花。

第二步，介绍背景和情境。

镜头：小花蹲在院子里，周围围绕着一群流浪猫，它们围绕着小花，咕噜咕噜地叫着。

声音：小花是这个小镇的猫咪救世主，她在自家后院收养了很多流浪猫。

第三步，展示主角的行动和态度。

镜头：小花抚摸着一只小猫，小猫闭着眼睛享受着小花的抚摸，表情十分满足。

声音：每当她放学回家，总会有一群可爱的小猫在她的院子里等待着她。

第四步，强调主题和情感。

镜头：小花拿出一碗猫粮，小猫们兴奋地围拢过来，开始享用美味的食物。

声音：她把每一只流浪猫都当作自己的朋友，给它们取了各种各样的名字。

第五步，表达结论和感谢。

镜头：小花笑着和小猫们道别，它们一起在院子里嬉戏玩耍，场面温馨而和谐。

声音：就这样，小花和她的小伙伴们在这个小镇上过着幸福快乐的生活。

第六步，结尾。

片尾：感谢小花，谢谢她为这些流浪猫带来的温暖和快乐。

以上六个步骤，有助于创建一个质量高、符合要求的视频脚本。用户只要逐步丰富、填充每个步骤，使故事更加丰富、生动就可以了。AI 的使用方式是非常多样化的，而在指令中一个细微的差别都可能会影响整体输出的效果，因此大家需要不断摸索、总结，尽量给出精准的指令，这样才能生成更好的视频。

5.3 AI 在直播宣传中的应用价值

当前，虚拟数字人理论和技术日益成熟，应用范围不断扩大，产业生态正在逐步形成、不断丰富，相应的商业模式也在持续演进，并实现了多元化。

5.3.1 虚拟数字人应用价值体系

虚拟数字人的应用是一个庞大的体系。其中，基础层为虚拟数字人提供了基础软硬件支撑，硬件包括显示设备、光学器件、传感器、芯片等，软件包括建模软件、驱动软件、渲染引擎等。显示设备是虚拟数字人的载体，既包括手机、电视、投影、LED 显示等 2D 显示设备，也包括裸眼立体、AR、VR 等 3D 显示设备。光学器件主要用于视觉传感器、用户显示器的制作，传感器则用于数字人原始数据及用户数据的采集。芯片用于传感器数据预处理和数字人模型渲染、AI 计算。建模软件能够对虚拟数字人的人体、衣物进行三维建模。驱动软件负责将外部输入转化为虚拟数字人的动作、表情等指令。渲染引擎通过复杂算法将三维模型等信息转换成逼真图像，确保虚拟数字人在各种硬件上都能呈现高质量的视觉效果。总体来看，处于基础层的厂商已经在行业深耕多年，已经形成了一定的技术壁垒。虚拟数字人产业链视图如图 5-6 所示。

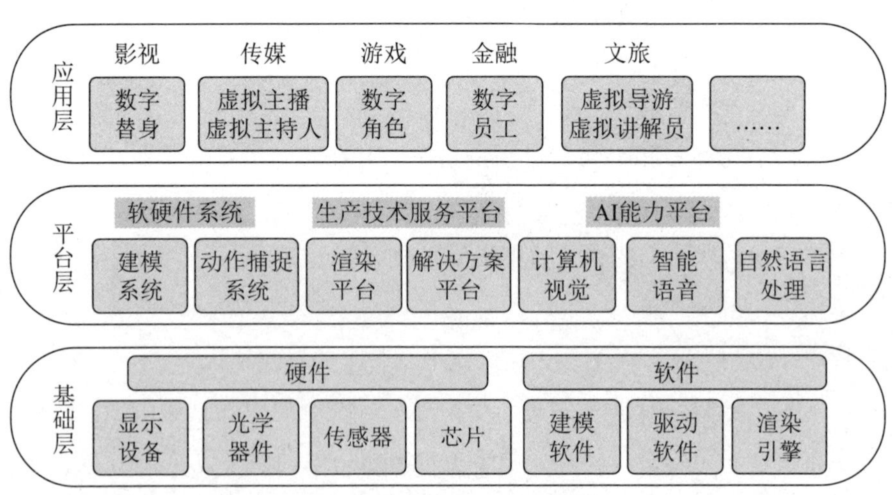

图 5-6 虚拟数字人产业链视图

平台层包括软硬件系统、生产技术服务平台、AI 能力平台，为虚拟数字人的制作及开发提供了技术支撑。建模系统和动作捕捉系统通过产业链上游

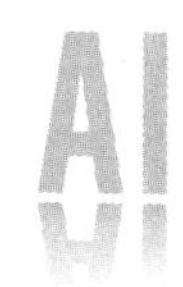

的传感器、光学器件等硬件获取真人 / 实物的各类信息，利用软件算法实现对人物的建模、动作的重现。渲染平台用于模型的云端渲染。解决方案平台基于自身技术能力为广大客户提供数字人解决方案。AI 能力平台融合了计算机视觉、智能语音和自然语言处理等前沿技术，使其能够更自然、更智能地与人类交互。平台层汇聚的企业较多，如腾讯、百度、搜狗、魔珐科技、相芯科技均有提供相应的数字人技术服务平台。

应用层是指虚拟数字人技术结合实际应用场景领域，形成行业应用解决方案，赋能行业领域。按照应用场景或行业的不同，已经出现了娱乐型数字人（如虚拟主播、虚拟偶像）、教育型数字人（如虚拟教师）、助手型数字人（如虚拟客服、虚拟导游、智能助手）、影视数字人（如替身演员或虚拟演员）等。不同外形、不同功能的虚拟数字人已经赋能影视、传媒、游戏、金融、文旅等领域，根据需求为用户提供定制化服务。

5.3.2　虚拟数字人应用领域

随着科技的不断突破和人工智能的加速演进，数字人产业迎来了前所未有的发展机遇。数字人以内容 /IP 型（如虚拟偶像）、功能服务型（如数字员工）、虚拟分身型（如真人虚拟分身）等多元形态，深入各行各业，重塑着商业生态和用户体验。其不仅成为企业创新服务和提升效率的关键工具，而且在推动产业数字化转型中展现出巨大的应用价值，见表 5-4。

表 5-4　虚拟数字人应用领域场景及充当角色

领域	应用场景	角色
影视	数字替身特效可以帮助导演实现现实拍摄中无法表现的内容和效果，已成为特效商业大片拍摄中的重要技术手段和卖点	数字替身 虚拟演员
传媒	定制化虚拟主持人 / 主播 / 偶像，支持从音频 / 文本内容一键生成视频，实现节目内容快速、自动化生产，打造品牌特有 IP 形象，实现观众互动，优化观看体验	虚拟主持人 虚拟主播 虚拟偶像
游戏	越来越真实的数字人游戏角色使游戏者有了更强的代入感，可玩性更强	数字角色
金融	通过智能理财顾问、智能客服等角色，提供以客户为中心、智能高效的人性化服务	智能客服 智能理财顾问

续表

领域	应用场景	角色
文旅	博物馆、科技馆、主题公园、名人故居等虚拟小剧场、虚拟导游、虚拟讲解员	虚拟导游 虚拟讲解员
教育	基于 VR/AR 的场景式教育，虚拟教师帮助构建自适应 / 个性化学习环境	虚拟教师
医疗	以数字人实现家庭陪护 / 家庭医生 / 心理咨询，实时关注家庭成员身心健康，并及时提供应对策略	心理医生 家庭医生
零售	多样化的场景切入为线下零售服务开辟了全新的互动模式；在电商直播场景下，虚拟数字人与真人主播并肩作战，与观众互动，向观众介绍产品、解答疑惑等	顾客服务数字人 商家管理数字人 虚拟主播

目前，国内各 AI 厂商、互联网大厂、垂直 ISV 厂商均可提供较为成熟的具有 AIGC 能力的“数智人”产品及解决方案。下面，我们以微软小冰、腾讯云、火山引擎（抖音集团）等提供的产品应用场景为例，简要介绍虚拟数字人的应用。

5.3.3 小冰数字人

基于人工智能小冰框架，小冰公司推出了数字专家和数字员工等完整的产品线。在形象定制方面，仅需 20 分钟的有效数据即可生成数字人形象，支持多服装、多表情和多动作；在内容生成方面，基于小冰框架的人工智能创造能力（AIGC），数字人可以实现对业务数据的快速学习，获得相应的技能，稳定输出文本、图片、音频、视频等内容；在交互能力方面，拥有情感对话能力和多模态交互能力，可进行人声定制，支持多语种、多方言。小冰公司数字人应用案例如表 5-5 所示。

表 5-5 小冰公司数字人应用案例

数字人 / 数字分身	职业身份	应用客户	应用场景
佳人	电商主播	花西子	花西子在真人直播之外，打造 7×24 小时不间断数字人直播间，数字人“佳人”直播可随时搭建、随时待播、随时插播，满足花西子的品牌自播需求

续表

数字人 / 数字分身	职业身份	应用客户	应用场景
招小影	数字员工	招商局集团	招商局金融科技有限公司推出的“招商如影”数字人平台，招小影将活跃招商物流、招商地产、招商证券、招商公路、招商蛇口等具体业务，直接为民众服务
崔筱盼	财务部催收专员	万科集团	崔筱盼在万科集团财务部入职。基于流程和数据建模，结合小冰框架的整体能力，由她催办的预付应收逾期单据核销率达到 91.4%
Hong	分析师	红杉资本	红杉中国首位数字员工。她基于深度神经网络渲染技术进行小样本学习，经过一周的训练诞生，Hong 将在红杉资本各个业务流程中承担重要职责
蓝色光标董事长赵文权先生的数字分身			小冰团队与蓝色光标共同打造的“分身有术”数字人平台，并在该平台上创建了蓝色光标董事长赵文权先生的数字分身——赵文权先生通过其数字分身，在 2022 年除夕向客户和全体员工送上新年祝福

5.3.4　腾讯云智能数字人

腾讯云智能数字人利用语音交互和虚拟形象技术，实现了唇形语音同步和表情动作拟人等效果。其应用场景包括虚拟形象播报和实时语音交互，广泛用于媒体、教育、会展等领域。平台提供 2D 和 3D 虚拟真人形象，用户可通过腾讯云小微平台进行自主操作。

目前，腾讯云智能数字人已广泛应用于金融、传媒、交通、政务、文旅等多个行业，如表 5-6 所示。

表 5-6　腾讯云智能数字人的应用场景

职业身份	应用场景
虚拟主播	针对新闻播报、游戏讲解、电视导播等媒体场景需求，腾讯云智能数字人可化身为虚拟主播，为用户提供相应的服务。虚拟主播生成速度快、生产成本低。利用虚拟主播，企业可以提高内容产出效率，降低人力生产成本，同时还能打造更具话题感和关注度的差异化品牌 IP
虚拟教师	针对网络教学、在线解题等教育场景需求，腾讯云智能数字人化身为虚拟教师，植入平板或智慧教学屏等中小型硬件设备，为学生提供一对一的专属授课服务

续表

职业身份	应用场景
虚拟客服	针对客服场景需求，腾讯云智能数字人化身虚拟客服，植入大屏一体机 Web 页面，为用户提供问答服务。虚拟微客服在智能语音客服的基础上引入虚拟形象，在提供及时答复的同时，营造更加亲和自然的客服体验
虚拟助手	针对音乐播放、天气查询、闲聊对话等智能助手场景需求，腾讯云智能数字人化身虚拟助手，植入 IoT 硬件、手机 App 或车机等设备，为用户提供便捷的生活服务，语音助手经过多模态交互赋能后，成为能说会动的“全能型”智能助手
虚拟导游	针对景区导览、景区问询等旅游场景需求，腾讯云智能数字人化身为虚拟导游，植入手机 App 和微信小程序，为游客提供景区导览、讲解等服务

5.3.5 火山引擎虚拟数字人

在 2023 春季火山引擎 FORCE 原动力大会上，火山引擎正式发布“善听”“会说”“能想”的虚拟数字人创新产品。火山引擎依托 2D/3D 数字人技术，结合语音识别、语义理解、对话控制、语音合成等多项全自研能力构建多模态交互体系，提供三大数字人产品方案，即交互型数字人、播报型数字人、直播型数字人，如表 5-7 所示。

表 5-7　火山引擎的三大数字人产品方案

产品方案	应用场景
交互型数字人	全自研语音交互技术：搭载全自研语音交互技术，多轮交互精准理解用户意图； 可视化流程编辑：支持画布可视化流程编辑，以节点及树状结构直观体现会话流转； 提供丰富的 2D/3D 形象
播报型数字人	一站式数字人音视频生产平台； 海量形象、音色：多形象、眼装、姿态、音色可选，动作表情丰富自然； 多种精排创作功能：支持词条精修、文本 / 音频驱动、多轨混编、画中画等多项功能
直播型数字人	7×24 小时智能直播：智能剧本灵活配置，实现 AI 虚拟主播 7×24 小时自动开播； 实时互动评论：搭载超智能对话问答系统，AI 虚拟主播可实时回复评论； 丰富的主播形象音色：提供 2D/3D 数字人风格化形象和声音定制，实现直播场景品牌化

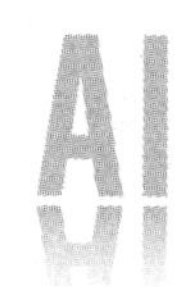

事实上，数字人的未来用途将不仅局限于主播和客服，随着算力的提升和 GPT-4 模型的升级，数字人将成为个人的分身，能够输出文字、图像、音视频，甚至细微到情绪表达。未来，随着 GPU 算力和能效的提升，数字人将在构建数字内容的过程中扮演关键角色，真正实现元宇宙数字世界的构建。数字人将集社交、创作、分享于一身，成为 GPT-4 之后的杀手级应用，承载多模态的未来。

AIGC 是数字人的亮点，它解决了数字人“只读稿、无法交互”的问题，生成算法提升了创作效率、降低了成本，丰富了内容，满足了用户需求。自然语言处理大模型提升了数字人的交互体验，使其更有灵魂。ChatGPT 具有高灵活度，更接近自然人，处理的信息更全面，表达更贴近人类习惯，让人们对 AI 有了新认知。

近年来，上海禾念推出的虚拟偶像洛天依备受瞩目，她不仅在各大卫视频频亮相，与明星同台演唱，更登上了 2021 年春晚舞台以及 2022 年北京冬奥会文化节开幕式。另一位于 2022 年问世的虚拟人物苏小妹，以其热爱诗词歌赋和国风舞蹈而备受欢迎。她曾在 2022 年北京广播电视台春节联欢晚会上演跨次元实景舞台秀《星河入梦》，同时也担任四川眉山的数字代言人。这些虚拟数字人物不仅为品牌带来了新的发展机遇，也赢得了越来越多观众的认可与喜爱。

当前，我国的数字人已广泛应用于多行业、多场景，其中在营销领域尤为突出。主要应用包括两大类：一是已有 IP 价值及粉丝量的虚拟数字人为品牌产品代言推广；二是品牌专属定制化虚拟人形象。比如，燃麦科技的 AYAYI 入驻阿里并与多领域品牌合作推广。

从发展趋势来看，2D 仿真数字人即将步入发展黄金期。虽然 3D 建模数字人精美度高，但成本过高和制作周期过长，主要用于品牌大使等场景。尤其是在 AIGC 迅速发展的今天，2D 仿真数字人相较于 3D 建模数字人的制作门槛更低、周期更短，成本也大大降低。在直播带货、娱乐主播、智能客服和游戏 NPC（非玩家角色）等高频需求领域，2D 数字人已能满足当前市场需求，迎来爆发期指日可待。

5.4 AI 在电商直播中的创新与挑战

5.4.1 AI 主播：重塑直播新形态

在电商直播领域，人工智能主播以其独特的魅力正逐步成为焦点。依托大数据处理与学习能力，AI 主播能够深度挖掘海量信息，精准把握播报内容，确保信息的时效性与准确性。同时，借助虚拟合成技术，AI 主播实现了外观、声音乃至肢体动作的全方位模拟，为观众带来前所未有的沉浸式体验。其“分身”技术更是打破了空间限制，实现了多平台同步直播，极大地拓宽了传播范围。

人机交互技术的融入，使得 AI 主播能够实时捕捉观众反馈，灵活调整播报策略，提供个性化、定制化的服务。这种具身认知与离身认知的完美结合，让 AI 主播在各类直播场景中游刃有余，无论是传统电视广播还是新兴网络平台，都能展现出强大的适应性和传播力。

5.4.2 直播电商的智能化转型

随着人工智能技术的深入应用，直播电商行业正经历着前所未有的变革。智能客服机器人、智能推荐引擎等智能化工具和服务，不仅提升了交易效率，降低了企业成本，还显著改善了用户服务体验。AI 主播作为新兴的人机交互方式，虽然目前面临市场接受度的挑战，但其潜力巨大，随着技术的不断成熟，有望成为电商直播领域的重要驱动力。

AIGC 的兴起，更为电商直播带来了全新的发展机遇。AIGC 能够深度融入消费体验和销售流程，为电商平台创造更多价值。通过优化现有模式，探索全新商业模式，AIGC 正引领电商直播向更加智能化、个性化的方向发展。

5.4.3 跨境电商的 AI 赋能新篇章

AI 时代，跨境电商迎来了新的发展机遇。人工智能技术的广泛应用，为跨境电商注入了新的活力。大数据、云计算等技术的应用，不仅优化了直播电商运营流程，提升了销量，还为技工院校培养跨境电商直播人才提供了有力支持。

AI 技术促进了教育模式的智能化转型，推动了跨学科融合培养体系的建设。技工院校通过引入 AI 技术，调整课程设置，加强与企业合作，实现了产教一体化，为跨境电商直播行业输送了大量高素质人才。

5.4.4　AI 直播的稳定性与便捷性：行业发展的关键要素

在 AI 直播的快速发展过程中，如何确保真人数字分身的低成本、高效率创建成为行业关注的焦点。当前，手持扫描仪与单反相机阵列拍摄等方法各有优劣，行业亟须探索更加经济高效的解决方案。

随着 AV、VR、云计算及 5G 等技术的不断进步，数字人和虚拟空间的发展迎来了新的机遇。未来，数字人有望成为数字世界的交互入口，为用户提供更加智能、沉浸的体验。为实现这一目标，行业企业正不断加大在数字人算法、技术架构及性能优化等方面的研发投入，力求打造更加稳定、便捷的 AI 直播产品。

5.4.5　技术创新：驱动数字人生态的繁荣未来

数字人的“智慧大脑”离不开人工智能、大数据及云计算等核心技术的支撑。这些技术使得数字人能够准确模拟人类行为与思考，为用户提供自然、智能的服务体验。然而，要实现数字人的全面“活化”，还需在 3D 重建、驱动、物理模拟及渲染等关键技术上取得突破。

杭州唯物科技有限公司等企业的创新实践，为数字人生态的繁荣提供了有力支持。其自主研发的 NextHuman 引擎，通过 AIGC 技术实现了数字人创作与应用的全面升级，为行业树立了新的标杆。随着技术的不断突破和生态体系的日益完善，数字人将从简单的“数字”形态进化为更加智能的“数智”形态，为各行各业注入新的活力与可能。

第 3 篇

AI 在企业管理中的应用

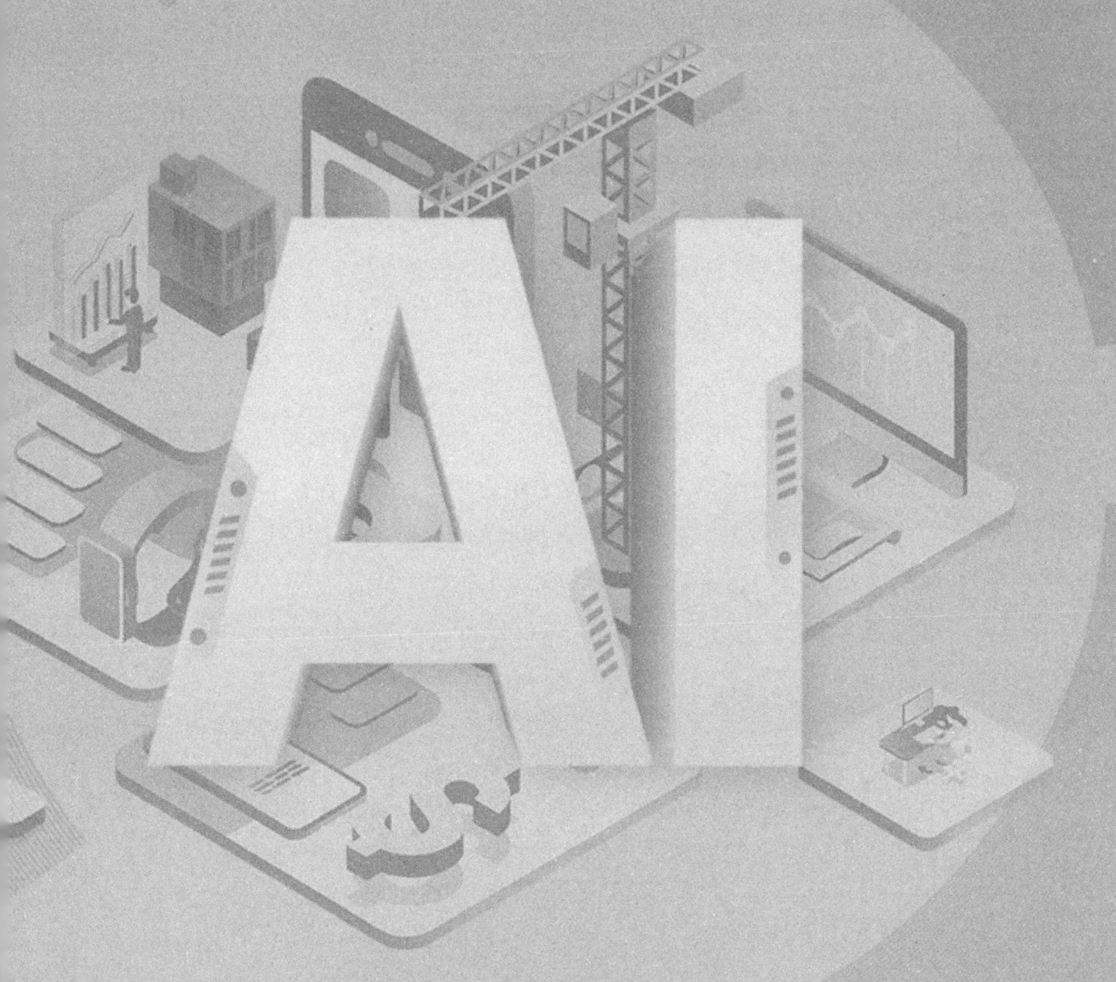

第 6 章　AI 在企业运营中的应用

6.1　AI 与企业流程优化

6.1.1　智能流程的演化

生成式 AI 对各个领域的影响深远，深刻改变了传统业务的工作流程。

（1）传统工作流程

工作流（Workflow）是业务流程的实现方式，通常包括多种工作流范式及相关的数据、组织和系统。业务流程（Business Process）是为实现特定价值目标而由不同人共同完成的一系列活动，是企业达成目标的可重复步骤的集合，是组织提高客户满意度、增强对市场快速变化的敏感性的重要方式。面向流程的组织结构能够打破各部门之间的障碍，避免出现功能孤岛。因此，优化业务流程对于实现目标、改善业务运营至关重要。

（2）自动化工作流程

随着企业规模的扩大，业务流程往往变得复杂而庞大。为了有效管理这些复杂的流程，业务流程管理（Business Process Management，BPM）方法应运而生。BPM 利用自动化工具来帮助组织设计、执行、监控和优化业务流程，以提高效率、降低成本，并确保业务目标的实现。BPM 是一种结构化方法，包括分析现有流程、建模不同场景下的工作方式、实施改变、监控新流程等，旨在为组织改进工作、服务客户和创造业务价值，以及持续提升业绩水平。

（3）智能工作流程

为了应对组织的业务变更及流程优化，业务流程管理软件（Business Process Management Software/Suite/System，BPMS）集成多种技术，包括流程挖掘工具、用于绘制业务流程图的 BPMN 工具、工作流引擎以及模拟和测试工具等，实现了业务流程优化和管理。随着 AI 等技术的不断发展，新型技

术已被引入和融合到 BPM 软件中，随之演变为智能 BPMS（IBPMS），并纳入了 LCNC（Low-Code/No-Code，低代码 / 无代码）和 RPA（Robotic Process Automation，机器人流程自动化）等技术。此外，还涌现了新一代流程智能（Process Intelligence）用于分析业务流程和操作工作流中的各个步骤，以协助组织发现流程瓶颈，并提升运营效率。

（4）自适应流程

自适应工作流程能够根据当前的上下文环境和需求变化，通过基于规则、基于模型或者基于学习等多种方式进行自我调整，并且能够对异常情况进行自动检测和妥善处理。例如，基于情景感知和规则导向的业务过程自适应方法，便能准确地应对复杂多变的工作场景，确保工作流程的高效与稳定运行。

随着市场需求不断扩大，AI 等技术已经深刻地影响了 BPM 领域，为发现、设计、测量、改进工作流和工作流自动化提供了全新的方法。同时，BPM 积极引入生成式 AI 技术以及大语言模型，应用上下文感知技术和事件机制，进行各种探索与演化，更加智能化地梳理、改进和重塑工作流程，从而提高效率和质量，动态感知外界环境变化，并主动调整自身的工作流程。

（5）预测性工作流程

预测性工作流程在未来发展中呈现了多个维度的趋势和广阔的应用前景。首先，随着人工智能、大数据分析和云计算等技术的不断进步，预测性工作流程将变得更加精准和高效。这些技术的应用将提高预测模型的能力，处理更复杂的数据集，进而提升预测的准确性和可靠性。在业务运作中，预测性工作流程将扮演更为重要的角色。企业能够通过深入了解外部环境的发展规律，并熟练运用科学的预测技术和方法，更好地制定经营目标、销售决策和生产计划。此外，预测性工作流程还有助于提高企业的服务效率、降低成本以及防止出现违规活动。

预测性工作流程的应用范围将进一步扩大。除了传统的市场需求预测外，还涉及技术预见、流程工业的操作优化以及商务工作流运行状态处理等多个领域。例如，在流程工业中，采用先进的预测控制技术和方法能够有效解决操作优化、不可测扰动、模型失配和强耦合等问题，提高生产效率和产品质

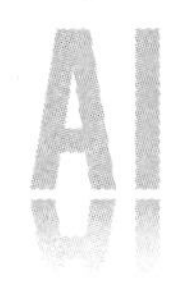

量。在管理上，预测性工作流程将更加趋向于系统化和规范化。为了应对云计算环境的动态性和不确定性，通过合理的检测点选择策略和时序异常处理策略，能够显著提高商务工作流的服务质量，满足用户对云计算服务的要求。

6.1.2 生成式 AI 带来的 BPM 范式转变

在竞争日益激烈的现代商业世界中，BPM 和流程智能是决定公司成败的重要因素。BPM 主要涉及现有业务流程的识别、设计、执行、文档管理和监控，旨在使这些流程尽可能有效和高效，常用的工具和方法包括六西格玛、精益管理和 BPMN（Business Process Modeling Notation，业务流程建型标注）。

流程智能可以看作是 BPM 的智慧引擎，如果说 BPM 专注于“如何执行”，那么流程智能则深耕于“如何洞悉”。它通过对海量过程数据的深入剖析与细致挖掘，提炼出能够驱动智慧决策的宝贵洞察信息。

传统的流程智能方法依赖于手动审核、数据分析和专用软件来可视化和评估过程效率，传统 BPM 和流程智能方法是手动、线性和孤立的。AI 技术的应用，特别是生成式 AI 的出现，重塑了这些领域的根基，为 BPM 带来了范式转变。生成式 AI 是人工智能的延伸，专注于创建新的数据模型、自动化工作流程，甚至是预测算法。这项技术以神经网络和机器学习算法为基础，颠覆了传统的 BPM 和流程智能技术，开启了自动化、具备高度自适应能力和集成化系统的崭新可能性，这些系统可以随着时间的推移持续学习并不断演进发展。

在 BPM 中，生成式 AI 可以在几秒钟内自动模拟数千条流程路径，以确定最高效和最有效的路径。这与精益管理或六西格玛等传统方法形成了鲜明对比，后者可能需要数周或数月才能产出优化结果。

在流程智能领域，生成式 AI 也取得了重大进展。数据分析通常涉及数据科学家自行确定要分析的假设和模型。生成式 AI 可以根据现有数据自动生成这些模型，从而减少分析所需的时间和人为错误。报告表明，使用 AI 增强型流程智能的组织在识别流程方面比传统方法快 50%。因此，生成式 AI 不只是添加到现有 BPM 和流程智能库中的工具，更改变了人们理解、分析和实施业务流程的方式，代表了一次重大的范式转变。

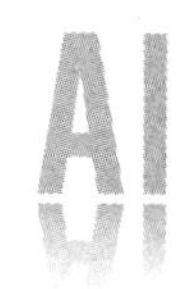

6.1.3　基于价值链的生成式 AI 流程应用

了解探索生成式 AI 如何影响企业价值链，有助于我们了解其对企业经营的深层次意义。

过去，我们分析生成式 AI 如何影响业务流程，观察的方式是节点式的，关注的是技术变革的特定业务场景。然而，如果缩小这些节点，把目光聚焦于企业整体价值链，就会发现更多新的内涵。

企业价值链是以企业内部价值活动为核心形成的价值链体系，其将企业在设计、生产、营销、运输等环节中为顾客创造价值的一系列活动、功能及业务流程紧密相连。

我们可以从端到端的业务流程出发，构建一个基于价值链的生成式 AI 流程应用的示意图。在这个示意图中，我们可以重点标注重复模式的子流程和任务，这些子流程和任务可以被视为生成式 AI 的重要指标。这些标注的流程大致可分为三种类型：第一种类型，生成式 AI 提升客户的数字体验，主要通过自然语言交互、客户支持自动化、信息检索等方式来实现；第二种类型，生成式 AI 助力业务流程和知识管理，包括生成流程模型、自动生成实际内容，以及详细总结文档和数据；第三种类型，生成式 AI 提升开发人员的效率，主要通过自然语言生成代码和自动化文档来实现。

对于使用生成式 AI 的任务，关键在于分析任务中涉及的业务角色的日常操作流程，以便更清晰地了解任务内容、细节和背景。例如，分析物流人员的日常工作流程，将手动输入送货单转为人工智能验证，可以大幅缩短处理时间。通过业务驱动的方法识别生成式 AI 的应用领域，可以为企业挖掘出极具价值的深刻见解和难得的机会。通过分析端到端的业务流程，企业便能精准定位生成式 AI 在业务流程中可实现高效利用的关键之处。

应用程序方案需紧密关联明确的业务目标和组织范围，这就要求细致分析任务，深入洞悉所面临的挑战，将场景与既定目标联系起来，精心设计工作流，优化用户体验，并妥善处理基于业务逻辑的数据集成问题，还需要进行健全性检查，以确保安全性、隐私合规性和整体可行性。一旦建立生成式 AI 在业务流中的应用关系，就可以着手设计并构建适配的业务流程。

6.1.4 业务驱动生成式 AI 的优势

业务流程处理分为两类：一类是基于常规业务逻辑，从企业应用程序和其他来源检索数据；另一类关注用户体验设计，有效地利用现有和潜在的新数据，通过 AI 进行自动化处理。加快生成式 AI 业务方案设计，就是将 AI 技术融入业务流程，构建各种功能模块，与常规业务逻辑相结合。这些功能模块包括文本摘要、翻译、情感分析、问答系统、图像编辑等。比如，在客户满意度分析中，使用摘要功能概括数据，再用情感分析生成净推荐值。这种方法使得业务解决方案分为增量和变革两类：前者优化现有流程或产品，后者重塑业务运营或行业。

增量解决方案的例子是使用生成式 AI 来支持营销内容的创作，它能够帮助企业快速生成吸引人的社交媒体内容、博客文章等，从而节省时间和资源成本，提高效率。变革性解决方案则体现在人工智能驱动的个性化教育平台上，它可以根据学生的表现和兴趣量身定制学习材料，从根本上改变了传统的教育方式。企业是选择增量解决方案还是变革性解决方案，需要考虑自身的需求、能力和战略愿景，并结合实际情况做出决策。

将生成式 AI 集成到 BPM 和流程智能中，可以实现组织运营管理的全面转型和提升。生成式 AI 在流程优化方面有多种应用，包括模拟流程路径、自动化工作流程、资源分配、数据分析、决策支持和实时智能。例如，在订单到现金的流程中，通过模拟和优化，可以将时间缩短多达 15%。自动化工作流程可以提升客户服务运营效率，将时间缩短约 25%。动态资源分配可以减少停机时间约 10%。通过生成式 AI 创建新的数据模型或假设，可以获得更好的见解，如预测性维护模型可以减少 20% 的工厂停机时间。生成式 AI 还可以提供决策支持，改善战略规划。例如，借助情景规划模型可以使市场成功率提高 18%。实时智能技术可以实现实时报告和洞察，如供应链仪表板可以降低 12% 的物流成本。

6.2 AI 与企业战略规划

AIGC 技术在各个领域都得到了迅速应用，包括文本处理、定量分析、图

像处理、视频处理、音频处理以及编程代码分析。其中，针对文本处理、生成以及定量分析的工具特别适合制造类企业的战略制定，因为这些技术可以利用不同来源的数据训练模型，帮助企业量化多维度场景。

虽然公众对基于文本的 AIGC 的潜能尚未完全探索，但随着技术的不断进步，机器学习和预测建模在定量分析和洞察方面可能会具有重要的价值。

随着 AI 的不断发展，企业管理层应当制订明确的规划，将 AI 纳入其战略制定流程，在战略规划的各个层面对其进行有效应用。

6.2.1　洞见未来

企业可以利用 AI 来洞察行业发展趋势，这在整体规划和各领域的前瞻规划中至关重要。在数字商业领域，AI 可以提升业务执行的洞察力。这种洞察力与执行力之间的密切关系主要体现在两个方面：一是提供更准确的未来预测；二是将各种洞察转化为实际行动。AI 利用先进算法和大数据，综合考虑多种变量，并通过自我学习改进算法以取得更好的效果。AI 的洞察力可以在操作、战术和战略层面应用，并在组织越复杂、实体越智能的情况下产生更大的战略性影响。它能够预见未来趋势、科学规划并应对技术和市场机遇，通过洞察隐性行为，为决策者提供依据，避免凭直觉行事。例如，亚马逊利用人工智能分析客户购买和浏览行为，提供个性化服务。与传统应用相比，人工智能能够提供更细致、精准的洞察，帮助企业更有效地执行策略。

尽管技术人员对基于文本的 AIGC 的潜能挖掘仍在摸索过程中，但随着技术的不断发展，机器学习和预测建模可能会在定量分析和洞察方面做出非常有价值的贡献。

以生物制药企业为例，随着 AI 的普及和技术能力的不断拓展，管理层应该将这些工具视为塑造自身业务差异化能力的重要抓手，同时制定相关愿景，将 AI 纳入组织各个层面的战略制定流程中。AI 在生物制药企业中的应用见图 6-1。

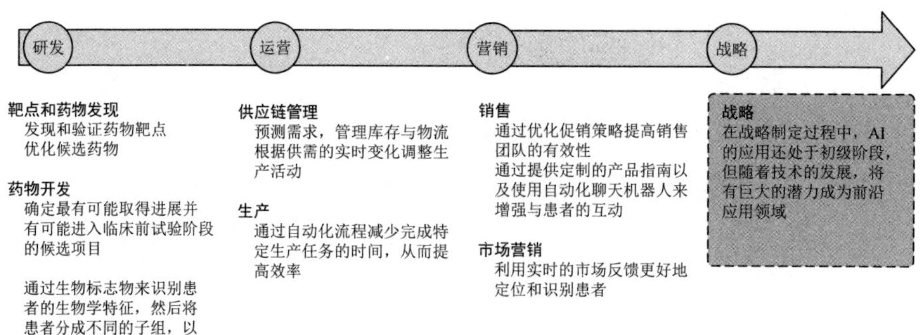

图 6-1　AI 在生物制药企业中的应用

资料来源：L.E.K 研究与分析

生物制药企业通常会从企业、专业及产品三个层面制定相应的战略，战略的聚焦范围逐步细化和具体化。在逐层递进的过程中，每个后续层面的战略不仅会考虑前一个层面的战略，还会在其基础上进行加强和调整，形成连续的反馈循环，从而确保企业整体战略在不同层次之间是协调一致的，见图 6-2。

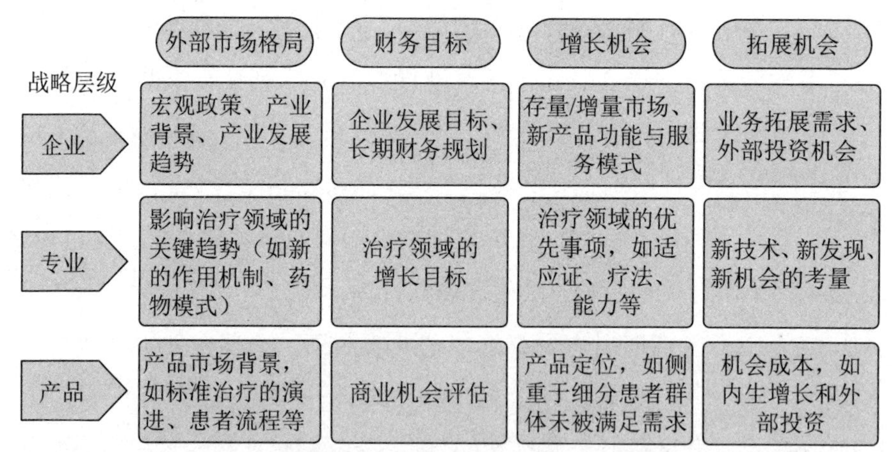

图 6-2　AI 在生物制药企业战略制定中的应用

资料来源：L.E.K 研究与分析

可以预见的是，AI 会在战略制定中起到至关重要的作用，尤其是在整合和分析来自不同行业、组织和职能的大量数据方面。外部数据主要来自组织外部的信息，例如行业趋势、治疗领域发展、市场格局与趋势、竞争对手的表现、在研产品情况、政策监管的变化、宏观经济状况等。内部数据主要体

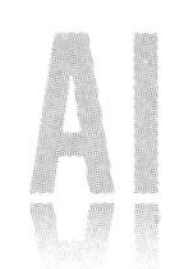

现的是企业过去的表现以及当前的状况，例如财务状况、在研产品情况、已有能力和资源。经过外部和内部数据训练的 AI 模型必定能够产出有价值的洞见，由此生成的预测更能反映公司的整体情况以及未来战略发展的可选项。

6.2.2　连接客户

运用 AI 增强客户黏性。数字企业和互联网企业的成功在很大程度上依赖于对市场和客户的深入了解。互联网巨头们也纷纷利用 AI 技术加强与客户的联系，通过提供虚拟助手服务，如亚马逊的 Alexa 和苹果的 Siri，让消费者和员工享受到便利。这些虚拟助手不仅可以在个人电脑、智能手机等设备上可用，还能在家庭和办公场所提供服务。企业可以借鉴互联网巨头的做法，将 AI 与自己的服务相结合。例如，将谷歌助理集成到扬声器、手表和汽车上。这种趋势表明，虚拟助手的互动性越来越强，能够提供更多复杂、有价值的服务，因此企业应从战略规划上把 AI 视为与客户建立持久关系的重要工具，而不仅仅是简单的交易接口。

6.2.3　提升战略影响力

企业应积极采用 AI 等先进技术，或支持新的 AI 协作方式，加速提升企业的战略影响力。一种方法是将 AI 技术与其他技术融合，以增强产品和服务效能。另一种方法是强调 AI 技术的协作影响力。通过建立软件代理平台或设备集群，实现智能模拟并协调行动，如本田的安全群技术可以让机动车相互交流，以保证行车顺畅和安全。

在将 AI 应用于企业战略设计以提升战略影响力时，应注意以下几点。①范围：建立开放式网络，可以快速扩展或调整以适应不同需求。②灵活性：提高 AI 的适应能力，使其能够在不断变化的环境中快速响应。③边缘数据：将分析和行动能力放在数据产生的地方。④连接：确保 AI 能够快速响应，尤其是在网络连接有限或高速环境下。

6.3　AI 与商业模式创新

AI 技术的发展，使企业数字化服务逻辑的创新有了更好的前景，包括产品、服务、流程和商业模式。然而，很多企业尚未很好地将人工智能技术整合到其价值创造和传递过程中。因此，有必要研究如何开发人工智能能力，以及如何在更大范围内推动商业模式创新。这包括研究企业成功实施人工智能所需的不同方法和知识积累，以及将人工智能服务从概念验证扩展到更广泛客户群体的原则。

6.3.1 数字化转型驱动商业模式变迁

数字化变革与产品创新迅速发展，从个人电脑到智能手机，从工业大生产到智能制造，我们正迈向智能化的未来。这些新产品、应用程序和服务改变着我们的社会与生活，传统的产品、服务、组织流程和系统变得过时，无法持续创造价值。因此，基于数字化的商业模式创新成为对公司经营方式的彻底重新配置的必然选择。

数字化商业模式创新成为企业家和管理者必须作出的战略选择。它定义了公司如何有效地利用内外部资源和能力持续为客户创造价值，并确保交付的流畅性和稳定性。通过构建新的运营模式和价值创造范式，新商业模式重新界定了目标客户群，创造新价值，并可能引入全新的数字化流程，消除多余的行为。数字化转型进一步拓展了朋友和敌人的定义（竞合战略），并帮助公司在数字世界中巩固竞争优势。

数字化商业模式可以为利益相关者带来巨大价值。数字化商业的新业务模式为所有利益相关者（包括客户、合作伙伴和供应商）创造了更多的价值。

数字技术持续地改变着商业运营的模式，这对企业家和管理者来说是一个重要的战略挑战。例如，美的集团已经成功转型为一家“数字化工业公司”；星展银行也积极布局数字化金融服务，而不是仅仅扩展传统的支行网点。即使是过去在数字化领域占据领先地位的企业，也必须不断地自我调整和转型，以适应不断变化的市场环境。亚马逊就是一个典型的例子。

自从 1994 年开始以电子商务的形式在线销售书籍和 CD 以来，亚马逊一直在不断地转型和发展以实现业务增长。亚马逊不仅扩展了其核心业务，销售几乎所有类型的产品，还积极发展了新的业务领域。有时，这些新业务甚至对亚马逊自己的核心业务构成了威胁。例如，尽管亚马逊仍然销售实体书，

但它还推出了 Kindle 和电子书，这些产品现在已经成了销售主力，并且利润率更高。另外，亚马逊也积极投资视频及其相关产品，这直接挑战了 Netflix 等网络电视的业务。随着云计算时代的到来，亚马逊迅速成为云服务的领导者，其云计算平台 AWS（Amazon Web Service）的年收入已经超过了 100 亿美元，利润率超过 80%，并且每年仍在以 50% 的速度增长。

在这个快速变化的数字市场中，企业必须积极地适应创新。拥抱变革是生存的关键，即使失败也不能停滞不前。成功的数字化转型企业都展现出了超越传统核心业务的能力和意愿，甚至可能会威胁到企业自身的传统业务。以亚马逊为例，其 Kindle 和电子书现在已经成了销售主力，并且利润率更高。

商业的边界、方法和方向都正在发生变化，需要数字化商业模式的创新。数字化转型要求企业领导者对激进变革持开放态度，即使这些变革可能与他们当前的战略和信念相冲突。积极拥抱数据驱动的变革，有时可能会让你觉察到现有战略或许是低效的或错误的。通过拥抱变革、挑战现状，企业或许可以获得更多的新机遇，并确保其数字化转型取得成功。

6.3.2　数字商业模式的五大支柱

数字化对降低交易成本有着显著影响。在市场交易的过程中，各方需要支付信息交换、协调等成本。然而，数字化能够降低这些成本。数字化技术提供的即时访问和应用数据的能力，有利于消除市场参与者之间的信息不对称导致的市场效率下降和资源配置失衡，进一步促进市场信息的流动和竞争，为市场参与者创造更多机会。数字化可以简化许多烦琐的交易操作，减少人工干预和错误，使交易过程变得更加高效和便捷，降低交易的执行成本。此外，数字化提供更多的交易选择，增加了市场透明度，使市场更加开放，进一步降低交易成本。这对于经济系统和市场的发展具有重要的意义，能提高市场的流动性，提供更多的机会和选择，释放出更多的市场价值。

（1）技术支柱

随着物联网和社交媒体应用的普及，我们正处于一个数据产生和积累的高峰时代。这些数据量庞大，随时可访问，并且不断被用于各个领域。与此同时，随着计算能力的持续增强，我们也正在经历着一场大数据革命。大数

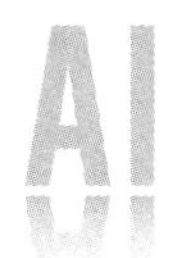

据与强算力的融合，为组织决策分析提供了深入洞察和绝佳机会，使数据驱动的商业模式优化发生了深刻变革。

数字孪生技术、增强现实 / 虚拟现实以及元宇宙的兴起，催生行业产生巨变，影响着诸如零售、金融、制造和服务等各个领域。这些新兴技术重新定义了传统行业的运营模式，为商业模式创新提供了广阔的发展空间。如果忽视这些技术之间的相互作用及其螺旋式上升力量重塑行业格局的机会，我们将错失未来一个时代的机会。

即使公司的技术团队较弱，也不应该放弃数字化和新商业模式所带来的机会。如今，数字化技术趋于平民化，包括四个方面。

一是应用程序开发的平民化。人工智能作为平台即服务（PaaS）的重要突破口，开发人员能够轻松访问复杂的 AI 工具，构建定制化的应用程序。PaaS 提供商积极建立有价值的培训模块和知识共享社区及预建模块，不仅降低了技术门槛，而且为广大开发者创新应用提供了更多可能性，推动数字化转型的进程，促进了数字化商业模式的发展。

二是数据分析的平民化。构建人工智能解决方案的工具不断扩展，为专业开发人员和数据专家提供了许多新的应用场景，如帮助用户快速建立新模型并进行测试，缩短创新周期，推动数字化转型的进程。这种平民化的趋势不仅降低了技术门槛，也为更广泛的用户群体提供了参与和创新的机会。

三是设计的平民化。低代码或无代码的应用程序开发平台，不仅能够构建人工智能驱动的解决方案，还提供了新的 AI 驱动功能，帮助专业开发人员自动执行任务，从而提升了低代码、无代码和自动化的开发能力。这种趋势有利于非 IT 人员广泛参与到应用程序的设计和开发中，推动数字化转型的普及。

四是知识的平民化。非 IT 专业人员可以利用强大的工具和专家系统，这拓展了他们的专业技能范围，有利于更加高效地解决问题和处理任务。这一趋势降低了技术门槛，为更广泛的人群提供了参与和创新的机会，推动了知识的普及和应用的广泛化。

（2）消费者支柱

随着社交媒体的普及，企业与消费者之间的沟通方式正在经历根本性的变革，变得更加便捷和实时。在数字化新商业模式的浪潮下，企业必须适应新的流程、组织方式甚至全新的商业理念。与此同时，消费者文化也在不断演变，对于优质产品的定义标准也随之改变。这种变革不仅影响了企业的营销策略和产品设计，也塑造了消费者的购买行为和偏好。

（3）社会 ESG 支柱

社会对企业的期望越来越多元化，不仅要求其环保，还要求其积极参与社会治理，构建幸福型组织。企业需要倡导环境友好型经营，积极履行社会责任，为社会做出更多非商业交换层面的贡献。同时，要避免倡导加班文化，而是致力于为员工营造幸福、愉悦的工作环境。ESG（Environmental，Social，Governance，环境、社会和治理）已逐步演变为企业运营的基础要求，企业应该将其纳入日常运营的常态考量之中，而非视为特殊或例外情况来对待。

（4）竞争支柱

在数字化转型的过程中，跨行业竞争和行业边界的模糊化是显著的趋势。数字化技术与传统行业相结合，将催生全新的商业模式，重新定义竞争对手和商业模式的优势。在这一过程中，关键是专注于为社会创造更大的价值，而不是过于关注竞争对手的行动。

（5）员工支柱

员工和组织在推动数字化转型和创新商业模式方面发挥着至关重要的作用。数字化转型涉及知识和经验的提炼与管理，以及远程办公等新的工作方式和组织结构的创新。有效地管理和应用知识，是确保数字化商业模式成功的重要因素之一。

推动数字化转型和商业模式的创新，需要企业付出智慧和时间不断探索和尝试。不同行业的影响支柱会有所差异，因此在数字化转型过程中，需要以“优雅”的方式重新组合相关要素，创造适应未来的商业模式。一个优秀的商业模式必须与时代相契合，并在实践中不断演化和完善。

6.3.3 数字化商业模式的“3V 模型”

华为创始人任正非曾经说：“企业的经营管理，就是价值创造与价值分配。”我们不妨尝试用价值创造（Value Creation）、价值交付（Value Delivery）、价值捕获（Value Capture）的“3V 模型”来厘清数字化商业模型脉络。

（1）价值创造

在价值创造领域，数字化转型与价值创造密切相关，涉及提供给客户的产品和服务。数字化转型使公司能够以多种方式创造新价值，包括降低成本、打造基于数据的优质数字产品、提升客户体验，提升客户忠诚度。主要有以下四种价值创造方式。

第一，数字化转型可以让企业通过修改和扩展现有产品和服务组合的方式来创造新价值。举例来说，报纸和图书出版业正在采用服务化战略，向客户提供数字产品。这种产品和服务拓展的典型方式包括物理产品的非物质化和软件化。因此，从产品逻辑到服务逻辑的转变至关重要。实际上，非物质化和服务逻辑已经通过诸如个性化医疗和电子锁替代物理锁等新方法影响了行业，为行业提供了新的治疗原则。

数字化转型不仅仅涉及产品和技术方面的改变，也推动了企业商业模式的创新。现今，人们在网上搜索变得更加便捷、价格变得更加透明、产品性能趋同，市场竞争的优势很可能源自商业模式的改变，以满足对定制服务有需求的新型数字客户，而不是简单地扩大实体产品的生产。从实体产品向数字服务的转变，需要具备新的技能，对价值链进行重新梳理，并树立以客户为中心的思维模式。如星巴克推出了针对客户的数字解决方案，以提高盈利能力。其开发了一款应用程序，让顾客可以通过它支付咖啡和食物的费用。星巴克将数字应用与忠诚度计划相结合，为 24 小时在线的顾客提供个性化的优惠和体验。此外，星巴克还在不断开发新的数字化产品和服务，并通过客户共创服务的方式让用户参与到产品设计过程中。

第二，数字化转型使企业能够更好地理解客户需求，并据此提供新的价值服务。其中，高度个性化的服务是一种典型的价值主张。在传统制造业中，

通过智能制造和 3D 打印技术，客户得以参与到价值共创的过程中，从而获得更高层次的满足。利用智能应用程序、无人机、3D 打印以及众包等最新技术，企业可以创造新的价值。物流公司正成为高科技应用的焦点领域，而且有望转变为技术公司。利用新技术，企业能够更好地满足中低收入客户（边缘客户）的需求。在传统商业模式中，这些客户群体通常被忽视或被战略性地放弃。

第三，现在一些行业（如金融服务、酒店和汽车服务及医疗保健）的商业模式，正在积极采用颠覆性技术，以应对可持续发展和共享经济的挑战，并找到新的解决方案。汽车行业正大力推广无人驾驶技术和绿色能源，通过提供卓越的产品或服务（例如，汽车共享服务和多媒体应用），或将汽车产品与其他服务相结合，创造新的价值。同时，酒店和金融服务行业也在积极将共享经济理念融入其商业模式，以创新的方式提供新服务，从而增强客户体验，并提供更具吸引力的产品。

第四，通过将数字平台或平台思维与生态系统相结合，可以创造全新的价值。数字化转型为连接网络中的不同参与者提供了必要的数字基础设施。举例来说，在美国，数字化转型催生了新的健康信息交换组织，该组织利用多边数字平台在行业内的各方之间提供信息交换服务。在元宇宙行业，数据内容借助创新的硬件设备和网络基础设施，形成了全新的生态系统。

数字化转型正在以前所未有的深度为社会各领域赋予巨大价值。它不仅颠覆了传统僵化的工作范式，为商业活动注入了时间和地点上的灵活性；同时也为个体创造了前所未有的机遇，个人可以通过众包与共享经济平台获得更多元化的工作机会。数字化还有助于实现更有效的医疗保健、高效的城市管理以及应对老龄化社会的挑战，提升公共管理流程和服务的效率。

一种精心设计的新商业模式可以增加所有利益相关者的总价值，包括客户、合作伙伴和供应商。在企业所有流程中，价值创造将数据和 AI 进行了整合，将 AI 技术嵌入业务流程中，让 AI 自动分析数据、持续地为决策提供辅助，处理更高级别的重复性任务，以提高效率。

（2）价值交付

企业本质上是一个价值交付系统，是企业向客户提供和传递其价值主张的交付体系，包括企业承诺向客户交付价值的一系列行为、流程和组织层面的保障机制。客户价值包含两个方面：期望价值和感知价值。期望价值是客户对产品或服务的期望，而感知价值则是客户认为购买产品或服务后能获得的实际利益。基础客户价值通常与产品属性相关，而在更高层次上，客户价值还涉及情感层面的回报和对客户愿望的满足。

客户价值等于产品与服务提供的交付价值减去客户购买的成本（包括金钱和精力）。通常情况下，客户会选择购买他们认为能够提供最大交付价值的公司的产品或服务。交付给客户的价值可以以产品、利益、情感等形式呈现。因此，任何为客户创造价值的流程都可以被纳入数字化新价值交付体系中。

如果一个组织认真对待价值交付系统，那么每个部门都应该为价值主张作出贡献。这意味着组织可能需要在成本效率方面妥协，以推动创新产品的开发。商业体系中的每个环节都应适度超脱自身的狭隘目标设定，而更加关注为组织创造价值的服务。

在交付价值的能力方面，不同业务部门在不同的细分市场中存在着显著差异，通常只能满足 1~2 个细分市场的需求。这种做法可以有效地为特定细分市场的客户创造价值，并保证可观的利润，同时还能够抑制竞争对手的发展势头。

传统企业的价值交付流程通常包括产品研发、生产制造和市场营销等环节。然而，若想提供一个具有说服力的价值主张，企业必须拥抱以客户为中心的新视角，将其业务运作体系重构为一套精细的价值交付系统。这一系统由三大核心构成：精准定位价值需求、高效提供价值服务以及向客户交付价值体验。这一价值交付系统的关键在于精准把控从价值定位到价值交付的关键节点，以确保所有利益相关者都能认同并积极参与价值创造过程，最终实现价值的交付。数字化商业模式中的价值交付如图 6-3 所示。

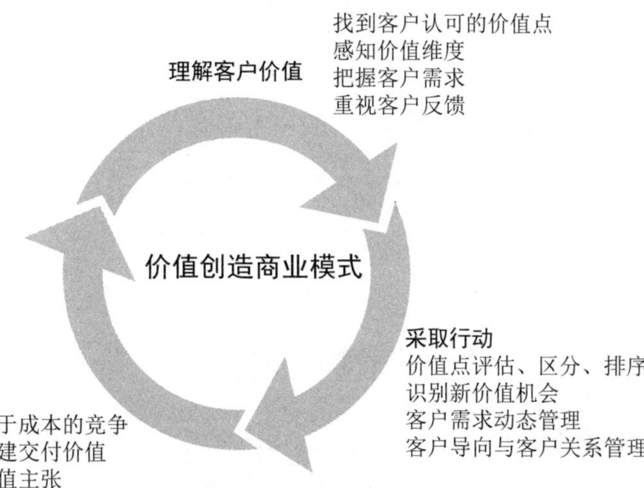

图 6-3　数字化商业模式中的价值交付

在数字化时代，价值主张将引领数字化转型的方向，推动企业向数字化和新服务方式转变。新的数字化竞争环境也要求企业具备更多新的能力，不断优化迭代新的价值交付系统。

（3）价值捕获

价值捕获是数字化商业模式成功的关键一环，它深度结合了收入模式的创新与财务可行性的考量，聚焦于如何将创造的价值有效转化为经济回报并获得市场认可。这一过程不仅要求企业从多元化的视角出发，通过卓越的服务体验、定制化解决方案以及情感与符号价值的构建来创造价值，还需在价值传递上寻求渠道创新。面对数字化冲击，传统零售渠道如实体书店正通过线上线下融合、私域流量运营等策略，重新定位自身价值，并积极探索新的价值捕获方式。

在具体策略上，企业可以借鉴多种成功模式。一方面，通过收取货架费用、利用客户经理私域流量推荐等方式，直接增加收入并优化线下门店的业绩考核体系；另一方面，实施产品差异化战略，区分线上线下产品线，或采用同品异型策略，在保护传统零售市场的同时，激发消费者的购买欲望。此外，以茑屋书店为代表的创新实践，通过场景化营销将图书与相关产品服务巧妙结合，创造独特的消费场景，实现了即时有效的价值捕获，为行业提供

了宝贵经验。

最终，价值捕获的成功离不开市场的广泛认可。企业需要持续关注消费者需求的变化，加强品牌建设，提升品牌影响力和忠诚度，通过持续的创新和优质的服务构建竞争壁垒。在数字化商业模式下，只有不断优化价值创造、传递与捕获的全链条，企业才能在激烈的市场竞争中脱颖而出，实现可持续发展。

6.4 AI 在企业营销中的应用创新

近些年来，AI 已逐渐跃升为驱动增长的核心引擎，不仅重塑了科技和经济格局，更在品牌营销领域掀起了一场前所未有的变革。特别是随着 AI 大模型的突破和 AIGC 的兴起，AI 应用正不断从单一场景扩展到多个领域，从通用场景向行业特定场景延伸，迈向全面应用的新阶段。在品牌营销领域，积极地探索 AI 技术与商业之间的交汇点，从激发创意火花的品牌内容生成，到深入挖掘消费者行为的数据分析，再到个性化营销策略的制定，AI 技术正在以前所未有的速度融入企业的营销实践。

6.4.1 智能化全域营销

营销在信息技术的升级突破下逐步发展，从 20 世纪 90 年代开始经历了互联网 + 营销、大数据 + 营销、AI+ 营销等阶段，并随着 AI 技术的日渐成熟进入了智能化全域营销阶段，技术驱动下的营销发展过程如图 6-4 所示。

发展阶段	传统营销	互联网+营销	大数据+营销	AI+营销	智能化全域营销
聚焦方式	触达	交互	精准	效率	生态
主要特点	大众媒体覆盖广泛的客户群体	增强与客户双向互动沟通	关注营销对客户触达的精准度	营销场景和环节更加智能化	全场景智能洞察、全渠道精准触达
技术演进	广播广告 1920年；电视广告 1941年	门户广告 1995年；搜索广告 2000年；社交媒体广告 2004年	AdExchange 2004年；信息流广告 2006年	DSP/DMP 2010年；营销云 2012年；智能创意 2016年	营销机器人 2018年；AR/VR，数字人、AIGC 2019年至今

图 6-4　技术驱动下的营销发展过程

早期的传统营销以触达客户为核心，利用大众媒体使营销信息覆盖广大的客户群体。随后，互联网的发展让营销在广泛覆盖性的基础上有了更多交互的可能性，从单向信息传播转变到与客户互动沟通。20 世纪初，大数据技术成熟并得到应用，更加关注营销对用户触达的精准度。2010 年之后，AI 技术在营销领域逐渐渗透，营销各个场景和环节更加智能化，营销效率不断提高。如今的 AI 技术不仅在提高客户精准触达效率方面有显著作用，在拓展新营销场景、创新交互体验、内容生产模式等方面也具备了落地条件，支持客户全时、全场景价值挖掘，实现智能化全域营销。

社交流量成为线索获取的重要渠道，从直播间互动到短视频评论和点赞，每个环节的精细化运营都已成为必然趋势。在这样的营销场景下，AI 工具的广泛应用，结合平台的智能客服系统，有望带来更实用的效果。

AIGC 在社交网络上的应用，尤其是在生成评论和创作方面，对企业和品牌获取流量和创造价值具有重要意义。以泰摩咖啡为例，这是一个典型的互联网品牌，通过 AI 生成评论和创作内容，显著提升了社交网络的引流转化效率，从而进一步提升其品牌影响力，推动业务增长。

利用 AI 垂直营销机器人工具，泰摩咖啡能够精准地搜集与咖啡相关的关键词，并利用模拟真人的方式回复评论。这些 AI 生成的评论不仅能够完美融入社交平台，与评论区的留言氛围相契合，还能够贴心地 @ 官方账号，附上评测视频链接，并提供购买链接，进而引导用户进一步了解产品并实现购买。过去，品牌通常只能对自己官方账号的评论区进行维护，要么是使用固定的模板文案，要么需要运营人员花费大量时间逐一浏览并回复。然而，泰摩咖啡采取了一种全新的品牌营销策略：不仅在官方账号上活跃，还深入到社交网络的内容生态中。这种策略不仅提高了品牌的整体引流效率，还节省了大量时间和人力成本。

6.4.2 全域场景下的超个性化营销

AI 在自然语言处理、模式识别等领域的强大能力，为全域场景下的超个性化营销开辟了新路径。

在全域场景营销中，企业凭借智能产品的全面布局，深度渗透至用户生活的每一个细微角落，跨越时间、空间、情境与人际关系的界限，构建出多维度、立体化的营销生态。

通过 AI 技术的深度赋能，企业实现了虚实融合的智能化、场景化营销新范式。在这一营销范式下，计算机视觉与自然语言处理技术实现了有机结合，企业能够敏锐捕捉并深刻理解场景中的每一个细节，精准洞察用户的即时需求与潜在偏好。基于这些深刻洞察，企业能够定制化生成与场景紧密契合的原生内容，引领用户步入沉浸式交互体验的新纪元。以出行为例，AI 不仅能定制品牌语音包，还能结合 LBS（Location-Based Services，基于位置的服务）推出 AR（Augmented Reality，增强现实）互动营销，让行程更加生动有趣；而在虚拟世界中，利用 VR/AR 技术，可以构建起品牌专属的沉浸式体验空间，从展厅到互动游戏，全方位、多角度地深化用户与品牌的情感联结。

进入超个性化营销的新时代，AI 技术的飞速发展让每一个消费者都能享受到前所未有的个性化服务体验。这种个性化不再停留于表面，而是深入到行为模式、情绪反应、认知偏好乃至审美倾向、未来预期的每一个细微层面，实现了对个体全面而深刻的理解与响应。个性化大模型的崛起，更是让每位用户都能拥有专属的 AI 分身，品牌及个人也能借助 GPT 模型，构建独一无二的交互界面，实现营销效果的最优化。

6.4.3 营销内容的智能生产与互动

AI 在内容生产领域的创新突破，为营销人员提供了快速生成大量高质量内容的能力，以满足不断增长的营销需求。通过丰富多样的表达形式，营销人员与客户之间的互动沟通变得更加生动有趣。

AI 技术在内容生产与互动方面取得了创新突破，主要体现在三个方面。

一是全领域知识融合，它打破了学科界限。以 ChatGPT 为例，它具备全知全能特性，能够获取并理解各个领域的知识和信息，从而为营销人员提供了有效的工具，能帮助他们创作海量高质量内容。

二是多端协同增效，促进内容生态繁荣。在 AI 技术的赋能下，PGC（专业生产内容）、UGC（用户生成内容）、AIGC（AI 生成内容）三大内容生产模式实现了互融共生。AI 赋能 PGC，提升了专业内容的生产效率；AI 激

活 UGC，催生了 AI 网红、达人推荐、用户口碑营销、虚拟直播等新形式；AIGC 本身则以其独特的智能生成能力，开创了智能客服、虚拟代言人等全新应用场景。

三是实现多传播形态融合表达。通过整合 AI 语音、AI 视觉等技术，可以将文本、图片、音频、视频、3D 模型等多种形式的内容进行融合，创造出符合客户兴趣、引起情感共鸣的营销内容，增强与客户的情感联结。

6.4.4　智能洞察与分析

企业应用 AI 技术能够精准地捕获各领域细分数据，并结合营销理论模型全方位智能洞察与分析行业、品牌、用户的变动趋势。第一步，汇聚线上线下、内部外部、合作伙伴数据，构建覆盖全域数据的“数据银行”；第二步，通过多重视角，如市场宏观趋势、用户行为模式、行业竞争格局等，洞悉行业走势和发展趋势；第三步，聚焦品牌现状剖析，从搜索份额、市场竞争力、潜在市场及消费者偏好等维度，精准描绘品牌市场定位，预测品牌成长路径；第四步，通过海量用户行为标签体系、语义归类、知识挖掘等手段，精准定位目标人群，全方位感知用户的行为和潜在需求。

利用 AI 技术赋能广告投放，能够实现对客户行为的深度理解和对客户需求的精准匹配，完成“智能定向—智能出价—智能创意—智能优化”的全流程智能化投放。通过大数据和算法，采用智能竞价、精准化拓量和成本稳控等策略，实现前期自动探量、中期智能盯盘和长期稳定获客的目标。这样的智能化投放策略能够提高营销广告的定向精准性和投放效果。

进一步整合 AI 技术，可以提升智能化投放效果。一方面，提高 AI 模型对数据的精准调控与准确预估投放成本的能力，缩短成本调控周期，提高成本控制水平。另一方面，全局智能投放调控，通过优化智能化投放策略、提高全局预算和出价择优分配的调控逻辑与自主能动性，增强定向拓量的精准性，实现更低成本、更大转化的获客效果。

为了更好地理解消费者，提升与其持续连接的能力至关重要。随着用户消费心智的不断成熟，消费决策的过程变得更加复杂和长期化。调研显示，大约有 70% 的用户需要经过长期培育，才会实现转化。因此，全链路、全周期的用户关系运营已成为必然趋势。AI 技术可以高效、自动化地追踪和串联用户决策的各个环节，从而形成一套完整的用户线索经营矩阵。

为全面释放 AI 技术在营销领域的潜力，企业可以建立“AI+ 营销”的系统性基础设施，依托共享底层大模型，实现各环节 AI 工具的互联互通，形成高效协同的智能化营销生态，共同驱动商业目标的达成，显著提升企业的整体运营效率。

6.5 AI 与企业生命周期管理

6.5.1 企业设备资产管理智能化

当前，现代生产设备正朝着大规模、集中化、机电一体化、连续化、高速化、精密化、信息化和综合化等方向不断发展。设备的构造越来越复杂，功能也日益强大。随之而来的是企业设备管理内容的不断丰富和深化。因此，对于设备资产密集型的工业企业而言，企业资产管理系统（Enterprise Asset Management，EAM）变得至关重要。随着工业数字化和智能化时代的到来，工业企业对于实现设备资产全生命周期的物联化、业务协同化和决策智能化的需求日益迫切。因此，将 AI 融入企业资产管理系统，以实现更智能化的资产管理，已成为必然趋势。

企业在设备资产管理活动中应用 AI 技术，可以通过物联化的设备资产收集数据，并进行数据挖掘、关系构建、算法训练与学习推理。这样产生的洞察不仅能够帮助企业更好地运营和维护高价值资产，从而优化绩效、延长资产生命周期，并减少运营停机时间和降低成本，而且能够帮助企业做出更明智的决策，提高效率，进行预测性维护，并最大限度地利用物理资产方面的投资。

具体来说，利用 AI 技术改善企业设备资产管理、驱动企业资产管理实现智能化的主要方法如下。

第一，提高资产的可靠性和性能，减少非计划停机。企业可以利用物联网设备收集历史和实时数据，结合 AI 技术分析和诊断，全面了解设备资产的运行状况。这样有助于最大限度地确保设备的可靠性，缩短非计划停机时间，

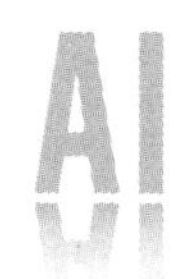

延长设备的使用寿命，提高设备资产的利用率。

第二，实施预测性维护，降低故障率。通过利用AI监控和学习设备资产，可以更准确地预测设备可能出现故障或劣化的时间点，从而实施预测性维护，帮助维护团队在问题出现之前就解决潜在问题，避免出现停机或缩短停机时间。

第三，满足健康、安全和环境管理需求。结合AI高级分析技术和物联网技术，能够实现生产安全管理的数字化、可视化和智能化，这有助于将事前预防、事后追责的方式积极转变生产安全管理方式，降低员工健康和安全风险，提高工作场所的安全性。

第四，实现设备资产的远程智能监控。企业可以利用基于AI的远程监控系统，为资产的当前和预期状态提供实时洞察，解决跨部门信息不畅和信息孤岛问题，减少警报数量并提高准确性，增强决策能力，帮助企业识别并解决资产异常问题，实现更快响应和更准确决策。

第五，解决人才和知识流失问题。人工智能赋能企业资产管理系统，可以学习和固化经过验证的工作流程和最佳实践，发掘技术员工长期积累的知识和关键技能，这有助于解决由经验丰富的操作员和工程师退休导致的人才和知识流失问题，进而提高工作效率和成本效益。

6.5.2　全生命周期管理数据交互

全生命周期优化是指在产品设计、生产、经销、运行、使用、维修保养、直到回收再利用的过程中，基于标识解析和统一编码规范，实现全生命周期管理数据的交互，进而提高质量，实现资产价值最大化。

目前，在传统机械制造企业的全生命周期管理系统中，普遍存在多系统、多接口开发、上下游企业使用不同编码、需要投入很多人力及时间进行开发等问题。

利用标识解析技术，企业简易开发即可将自有数据接入标识解析体系，进而打通上游协同企业和下游用户的数据，实现行业信息资源整合。

以迈迪信息技术有限公司为例，以前，该公司需要为主机厂家及零配件厂商打通各自ERP系统等的接口，再从该主机厂家的ERP系统中调取相应数据，将其放到全生命周期管理系统中，存在多系统、多接口开发等诸多问题。通过使用标识解析体系，该公司建立了机械行业标识解析平台，为主机厂家及零配件厂商提供统一编码及解析规范，显著减少了接口对接开发工作，降低了企业开发成本，有效提升了售后服务效率，实现了数据互通，产品全流程数据可控、可追溯，提升了交付产品质量，提升了客户满意度。

6.5.3 产品全流程跟踪追溯

目前，在发动机制造行业的绝大多数场景中，数据的查询和反馈链条长、时间慢、数据不完整、信息不对称，产品质量问题长期积累，定位优化产品品质非常困难。标识解析体系的应用，能够实现问题产品追溯时的精准定位，提高生产效率和产品质量。

以重庆忽米网络科技有限公司为例，该公司为宗申集团做产品质量全流程追溯，以前需要为各种系统做接口服务，协议和数据规范各不相同，追溯效率非常低，产品质量问题长期积累，问题定位非常困难。忽米科技通过使用标识解析体系，为宗申集团提供了全流程的数据关联和管理，实现了产品故障快速报修和意见反馈，提升了客户对产品的满意度，提高了质量分析效率，并节约了人工成本。

6.5.4 电池全流程数据关联

随着新能源汽车的逐渐普及推广，电池报废量将不断攀升。新能源汽车电池退役后本身仍具有价值，这就涉及回收利用。然而，电池全生命周期的溯源，涉及的企业和环节非常多，数据整合需要各企业之间做大量的对接工作。利用标识解析体系，对动力电池各环节进行数据采集,并自动以标识码关联，可以形成对动力电池全生命周期的追溯，为电池全生命周期管理提供有效保障。

东风乘用车公司是东风集团旗下整车生产的企业，以前，东风乘用车公司要为各个电池生产、组装厂商各自打通 ERP 系统等的接口，造成了多系统、多接口开发，多人力投入，时间成本高等现象。其通过应用标识解析体系，建立“电池标识解析信息采集系统”，赋予了生产单元内部电池唯一标

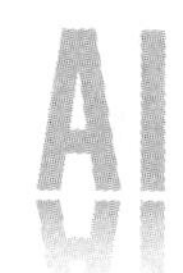

识，结合标识解析对各流程的关键数据进行采集和处理，实现了全生命周期数据的贯通，从而能够为各个阶段的客户提供电池从生产到回收全环节的信息查询服务，缩短了业务周期，降低了运营成本。同时，还可以实现电池寿命异常分析、电池生产合格率异常分析、电池故障率异常分析、有针对性地实现梯次利用分析等。

6.5.5　冷链端到端全环节追溯

冷链运输环节多，各环节涉及的人员范围广，传统追溯靠有限信息逐一溯源，时间长，成本高，溯源不准确且容易出现遗漏。基于工业互联网的标识解析体系，将冷链产品从进口商、海关、商超到消费者等一共八个重要环节的相关信息打通，简化冷链货物交接流程，建立人与货的交叉溯源关系，可以实现冷链食品的全流程追溯与全生命周期精益化管理。

海尔卡奥斯冷链防疫系统针对痛点问题，建立了冷链追溯标识解析体系，在海外进口商装货运输、冷链大宗产品运输到国内加工，以及加工形成小包装等环节，赋予产品标识，可以实现标识扫码查询。

一旦发现被病毒污染的产品，即可快速追溯病毒来源，追踪产品流转环节，精准定位同批次产品，提前采取管控措施。这可以为政府监管提供决策依据，对保障冷链市场乃至国民经济稳定运行具有重要意义。

工业互联网标识解析体系的应用，有效实现了生产流程及销售流程的全生命周期管理与追溯，对于提高企业生产效率、降低运营成本具有重要意义，其建设与发展将进一步推动中国制造业的转型升级。

6.5.6　案例分析：维达纸业全生命周期数字化管理

维达纸业（浙江）高端生活用纸未来工厂，通过中国移动 5G+ 工业专网与 IoT（Internet of Things，物联网）技术，构建了全面感知、泛在连接的数字化生产体系。该体系集成了 ERP、WMS 等多个核心业务系统，形成企业级数据中台及数字孪生系统，实现了从原材料到成品交付的全链条数字化管理。

在生产制造环节，维达纸业引入了全自动、智能化的在线 AI 质量检测装备，通过视觉检测技术对成品封口进行 100% 自动检测，有效减少了对人工质检的依赖，提升了包装良率，并降低了整线质检的人力投入。此外，智能能源管理监控平台可以对工厂耗能设备进行实时动态监控，通过多维度对比分析，快速优化能源使用，降低生产成本。

数字孪生系统的应用，则让维达纸业的工厂布局、工艺流程、设备状态和物流路线得到了科学重构与优化。通过仿真技术，工厂能够动态真实地反映实际运营情况，为决策提供有力支持。同时，数字孪生+VR 技术的结合，也极大地改善了生产培训效果，缩短了培训周期，降低了培训成本。

从效益分析来看，维达纸业的数字化转型带来了显著的安全、能源、质量和综合效益。通过数字化监控与分析，企业提升了设备管理的预见性和准确性；通过智能能源管理，实现了能耗优化；通过 AI 质量检测，提升了产品良率；而通过数字孪生与 VR 技术的结合，则降低了培训成本和库存周转时间。

维达纸业的案例启示我们，AI 智能化的工具或平台可以连接用户的全生命周期，为企业赢得长效的营销阵地。未来，随着 5G、AI、大数据等技术的不断发展，企业应持续探索新技术应用，推动数字化转型向纵深发展，构建更加高效、智能、可持续的生产模式。

第 7 章　AI 在人力资源管理中的应用

7.1　AI 优化人才招聘流程

过去，招聘是一项极为烦琐的任务。要找到具备所需技能和经验的合适候选人，需要花费大量的时间和精力，要经历筛选简历、发送信息、进行笔试和面试等一系列步骤。往往需要数天甚至数月的时间，才能找到最终的人选。

如今，随着智联招聘、百度等大型企业将生成式 AI 引入企业招聘领域，招聘的效率大幅提升。与此同时，一些人也开始担心："如果机器人来招聘，那么 HR 的工作岂不是要被取代了？"

7.1.1　AI 助力招聘全流程自动化

AI 已经改变了招聘流程，通过自动化和简化流程，使整个过程更加高效。基于 AI 的招聘软件利用机器学习、自然语言处理等先进技术，实现了从寻找候选人到做出招聘决策的全流程自动化，具体步骤如下。

①寻找候选人。基于人工智能的招聘软件能够自动搜索和筛选各种在线平台和数据库，以找到潜在的候选人。软件能够利用先进的算法扫描简历、社交媒体资料和招聘网站，识别符合职位要求的候选人，为招聘人员建立潜在候选人库，大大节约了搜索简历的时间和精力。

②筛选候选人。AI 招聘软件结合机器学习算法，可以分析简历、求职信以及其他申请材料，匹配工作要求、资历、经验和技能等多项标准来筛选候选人，能有效地协助招聘人员快速、高效地找到最合适的候选人。

③聊天机器人。AI 招聘软件通过聊天机器人与求职者互动，根据求职者的提问提供个性化回复，有助于招聘人员为求职者提供更好的体验，积极地参与全程招聘。

④视频面试。AI 招聘软件的视频面试，利用面部识别和其他技术来分析应聘者的回答和肢体语言，深入地评估他们是否适合该职位，节约了招聘人

员的时间和精力。

⑤预测分析。AI 招聘软件通过分析职位要求和候选人资历、经验和技能等多方面的数据，预测候选人成功胜任特定职位的可能性，有助于招聘人员做出基于数据的招聘决策，降低错误招聘的风险。

⑥减少偏见。AI 招聘软件运用机器学习算法分析职位描述，识别其中可能存在的偏见语言，或者通过移除简历和申请表中的姓名、性别和种族等识别信息来减少招聘过程中的偏见，这有助于推动组织的多样性和包容性。

⑦入职培训。AI 招聘软件自动执行行政任务，如发送欢迎邮件、设置工资单以及为新员工分配任务，协助完成入职流程，能节省入职过程中的时间和精力。

招聘自动化涉及使用各种软件应用程序，如申请人跟踪系统（Applicant Tracking System，ATS）、视频面试和在线评估，以实现招聘流程不同阶段的自动化。其中，ATS 是公司人力资源部门的重要工具。ATS 旨在帮助招聘人员管理大量数据，帮助招聘人员发布职位、管理简历、处理求职申请及与候选人相关的其他信息，自动化处理招聘流程中的重复性工作，为招聘人员节省时间，使他们专注于面试候选人和做出招聘决策等更具战略性的工作。

ATS 是一个用于存储和跟踪应聘者信息的数据库。每当应聘者申请工作时，其信息都会被添加到 ATS 数据库中，在招聘流程的各个阶段，ATS 都可以对其信息进行跟踪。自动招聘系统通常包含多种功能，可协助招聘人员管理招聘流程，包括创建和发布职位、安排面试以及向应聘者自动发送电子邮件通知等。

ATS 的工作原理是解析简历和求职申请，提取重要信息，如工作经历、教育背景和技能。这些信息随后会被存储到数据库中，招聘人员可以根据不同的标准（如职位名称、工作地点和经验水平）对其进行搜索和排序。当出现职位空缺时，招聘人员可以快速搜索 ATS 数据库，找到潜在的应聘者，并通过自动化系统向他们发送电子邮件通知。

ATS 能够扫描简历和申请表，以匹配职位描述中的关键字和短语。接着，系统会根据简历与职位的相关度和适合度对简历进行排序。排序通常由一种算法决定，考虑到了求职者的技能、学历、工作经验以及其他相关标准等因

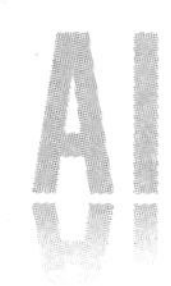

素。一旦简历排序完成，ATS 会将它们整理到一个可搜索的数据库中，以便招聘人员能够快速找到合适的候选人。这个数据库可以根据各种标准进行搜索，包括职位名称、地点、教育程度、经验水平以及其他相关参数。招聘人员利用 ATS 跟踪候选人招聘的进展，设置自动电子邮件通知，及时告知候选人申请状态。举例来说，初步筛选应聘者的简历之后，ATS 会自动发送电子邮件通知，邀请候选人面试。ATS 还有一个重要功能是，自动将职位空缺发布到各种招聘网站和社交媒体平台，自动跟踪招聘信息的发布情况，提供有关浏览量、申请量和录用量的分析。ATS 自动筛选简历中的年龄、性别和其他可能导致歧视的特征信息，遵守就业法律法规，确保招聘过程的公平和透明。

市场上存在各种不同类型的 ATS，每种系统都具有其独特的特点和功能。一些系统专为特定行业或工作职能设计，而另一些则更为通用。此外，有些自动求职系统是基于云服务的，而其他一些则需要在内部安装，选择何种 ATS 系统取决于组织的具体需求。

7.1.2　案例分析：联合利华高精准度筛选简历

联合利华的 AI 技术给初出茅庐的大学生留下了深刻印象：刷社交网站刷到了感兴趣的招聘启事；网申表格无须填写，可以直接从领英（LinkedIn）账号一键导入；在手机上玩了 20 分钟的神经科学游戏，即获知与申请岗位的匹配度；面试中没见到面试官，而是宅在家里与 AI 机器人进行了一场人机对话；开心地拿到 offer（录用通知），直接电子签名，足不出户完成签约。

从 2016 年起，联合利华开始在全球利用算法筛选简历，并且设计了三轮 AI 面试初筛 + 最后一轮现场体验面试的招聘流程。联合利华在年轻人聚集的脸书（Facebook）等社交平台发布招聘启事，让求职者自主浏览、选择契合的岗位完成网申，随后使用 Pymetrics 和 HireVue 软件进行测评与面试，记录候选人的语调、肢体语言等，借助人工智能工具分析每个回答，并形成分析报告，帮助面试官完成初筛。AI 在联合利华校招全流程中的应用如图 7-1 所示。

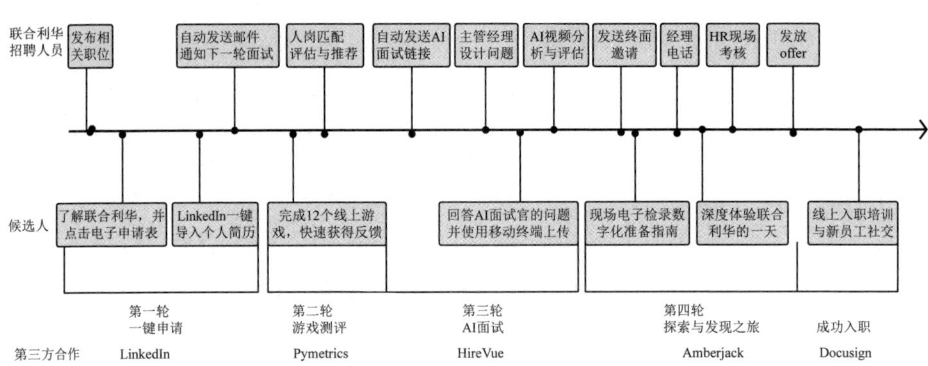

图 7-1　AI 在联合利华校招全流程中的应用

上线第一年，通过在 68 个国家部署多种语言的“AI+ 招聘”，联合利华的招聘周期从 4 个月缩短到 2 周，成本大大降低，雇员多样性提高了 16%。

“AI+ 招聘”基于与人才相关的数据库，借助计算机图像处理、自然语言处理等技术，能够帮助组织更准确、高效地挑选和匹配人才，以实现招聘流程自动化和招聘决策科学化。“AI+ 招聘”主要有两大功能。功能一是实现人岗匹配，通过关键要素联想等生成标签、完成画像，构建将实体连接起来的知识图谱，主要在人才搜寻、简历分析和人才测评三个场景实现。功能二是提升面试效能，主要在 AI 面试与机器人聊天场景实现。两大功能对应以下四个主要应用场景。

（1）人才搜寻

负责招聘工作的招聘专员急需掌握“去哪里招人”的方法，尤其是挖掘不活跃的候选人。智能程序员招聘平台“简寻”正尝试用社交平台解决这一难题。“简寻”根据程序员在领英、豆瓣、知乎等留下的数据，定位到具体用户，并针对技术领域、求职意愿等信息生成智能标签，形成包括项目能力等内容在内的动态简历，汇总成人才池。企业用户输入关键词标签，即可轻松定位潜在的候选人。

（2）简历分析

AI 深度学习功能可以帮助 ATS 平台和招聘网站补全人才标签，构建全面而精准的人才画像。具体而言，该技术巧妙融合行业、公司、职位、项目、技能等多维度知识图谱，运用 NLP 技术深度剖析职位需求和候选人简历，极

速进行人岗匹配，还能通过对事实逻辑的分析和与海量真实简历写法的比对，提示可能存在的风险点，如信息注水或虚假成分。

（3）人才测评

AI 和基于人的行为特性的测定分析技术相结合，可以有效解决程式化测评中因印象管理和突击学习而产生的面试偏差。例如，Pymetrics 让求职者在几分钟内完成点击气球、金钱模拟等 20 个小游戏，从脑科学角度测评其认知能力和性格特质，据此为其推荐匹配的岗位和企业。

（4）AI 面试与机器人聊天

AI 面试具有标准一致、随时随地等优势。以 HireVue 的面试机器人为例，一套标准的面试程序不仅包括基本情况问答与测评考查，还会记录应聘者的面部表情变化、语调和使用的词组等，生成 1.5 万个数据点进行分析。此外，AI 聊天机器人可集成到 ATS 中，提高招聘的自动化水平。

7.2　基于 AI 的员工绩效评估方法

随着 AI 技术的日益成熟，其在优化和革新传统绩效管理模式中的潜力逐渐显现。从实时绩效跟踪到个性化的发展计划，AI 正开启一场关于工作方式、评估标准及员工成长的革命。AI 在绩效管理中的应用正在开启新的可能性，通过深度分析和学习，AI 不仅能够提高绩效管理的效率和准确性，还能提供更深入的洞见和更个性化的发展计划。

7.2.1　AI 绩效管理的四大领域

使用 AI 技术进行绩效管理，主要集中在四个领域。

①细粒度的绩效跟踪。AI 具备处理和分析海量数据的能力，这使得它能够捕捉到绩效变化和模式中的细微差异，甚至是那些传统方法难以察觉到的差异。这种细粒度的绩效跟踪使得绩效管理更为准确和及时，从而可以为员工提供更具针对性的反馈和建议。

②深度学习和预测性分析。AI 利用深度学习技术能够辨识出绩效的关键驱动因素以及潜在的风险点。借助预测性分析，组织可以提前洞察未来的绩

效趋势和问题，从而做好充分准备，并制定相应的策略和行动计划。

③情感分析和员工福祉。通过自然语言处理和情感分析技术，AI 能够分析员工的反馈、沟通内容以及社交媒体信息，进而洞察员工的情绪和福祉状态。这有助于组织及时发现和解决员工的问题和需求，从而创造出更积极和具有支持性的工作环境。

④个性化和适应性学习。AI 能够根据员工的表现、偏好以及发展需求，为其量身定制个性化的绩效提升计划和学习路径。这种个性化的方法不仅能够提高计划的效果，还能够提升员工的参与度和满意度。

7.2.2 人工智能推动绩效变革

社会环境的快速演变引发了人们对传统绩效管理方法的重新思考。越来越多的组织认识到，仅仅依赖年度评估和排名难以全面评价员工的表现和潜力。同时，现代组织更加关注员工成长，以适应市场竞争和技术变革的挑战。因此，对包括 OKR（Objectives and Results，目标与关键成果法）在内的绩效管理创新以及绩效管理变革的需求日益增加，推动绩效管理朝着更为综合和动态的方向发展。这些新的趋势主要体现在以下五个方面。

一是战略导向。随着数字时代商业环境的不断变化和不确定性的增加，绩效管理需要重新定位其在组织中的角色，成为支持战略落地的关键驱动力。它应紧密结合战略制定和执行环节，确保组织在变革过程中实现既定的绩效目标。这意味着需要将绩效管理与组织战略目标对齐，确保绩效评估和激励措施与战略保持一致，进而推动组织朝着目标的方向稳健前行。

二是目标共创共识与组织协作。现代绩效管理强调团队和组织层面的目标对齐且层层关联，与传统注重个体目标设定和达成的方式有所不同。为此，需要构建一套高效的目标共创和共识机制，确保目标设定、对齐和递进的有效进行。这样做可以保证在实际执行过程中，组织、团队和个人的行动高度一致并充分协作。共享目标能够帮助员工更好地理解他们在组织中的角色和价值，促进团队的合作和协同工作。

三是实时反馈与持续对话。与传统的年度评估相比，现代绩效管理更注重实时反馈和持续对话。在市场竞争激烈、变化快速的环境下，组织需要根

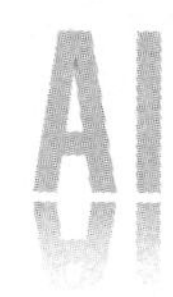

据实际绩效及时调整策略和目标，以满足市场需求的变化。因此，绩效管理需要采用更灵活的方法，包括实时反馈和持续对话，以便及时纠正偏离目标等情况，并引导组织朝着战略方向前进。通过实时反馈，员工可以更好地了解自己的表现，并进行适时的调整和改进。持续对话提供了更多的机会，讨论工作挑战、目标进展和个人发展需求，促进了员工与管理者之间的沟通与合作。

四是人才发展与成长导向。现代绩效管理不再仅仅局限于评估员工的过去表现，而是更关注员工的未来发展和成长。组织鼓励员工制订个人发展计划，并提供培训和发展机会，帮助他们提升技能、拓展能力，实现个人职业目标。这种关注员工发展的方式能够增强员工的满意度和忠诚度，从而提高绩效，改善组织的整体表现。

五是数据驱动与智能嵌入。随着技术的不断进步，绩效管理也在数据驱动和智能嵌入方面取得了显著进展。组织利用数据分析和智能应用，能够更准确、高效地管理绩效。通过大数据分析，企业可以发现绩效的趋势和隐藏模式，并提供针对性的改进建议。此外，绩效管理软件和在线平台的广泛应用，使评估、反馈和目标管理变得更加简便和快捷。

7.2.3 案例分析：IBM 的 Watson Analytics 平台

IBM 的 Watson Analytics 是一款先进的数据分析和可视化平台，旨在帮助用户轻松理解数据并获得深刻洞见。该平台基于 IBM 的 Watson 人工智能技术，结合了机器学习、自然语言处理和数据挖掘等多种技术。作为人工智能在绩效管理领域的杰出应用，Watson Analytics 通过深度分析和预测性建模，显著改善了绩效评估和人才管理的流程。

（1）AI 应用于绩效评估的主要成果

① Watson Analytics 的技能和职业路径分析。Watson Analytics 能分析员工的工作记录、反馈以及其他相关数据，识别技能差距和潜在的发展领域。这种分析不仅能帮助员工更好地了解自己的成长方向，还为管理层制订更具针对性的培训和职业发展计划提供了决策基础。

IBM 利用预测性分析能力来识别未来可能具备领导潜力的员工，这对于继任规划和长期的人才发展战略至关重要。通过提前辨识这些潜在的领导者，IBM 能够及时进行培养，以确保关键职位的平稳过渡。

② Watson Analytics 可以提升绩效管理透明度和参与度。自然语言查询和交互式可视化大大降低了访问和解读复杂数据的门槛。管理者和员工可以通过简单的询问获得对绩效相关问题的直接回答，从而提高了他们对数据的理解程度，并增强了对绩效管理过程的信任和参与度。这种透明度和易用性对于建立一种以数据为导向的文化至关重要。员工会更积极主动地参与到自己的绩效评估和职业发展规划中，从而进一步促进组织的发展和成长。

（2）优化的主要流程

①实时绩效监控和调整。Watson 的实时数据处理和分析能力使得绩效管理更加灵活和动态化。管理者可以根据最新的数据快速做出调整，员工也能够及时获得反馈，从而及时调整工作策略和行为。这种实时性显著提高了绩效管理的效率和效果，有助于 IBM 更快地适应变化并优化资源分配，进而更好地实现组织目标。

②精准的人才规划和培养。Watson 的预测能力有助于 IBM 更准确地规划人才需求和发展方向。通过提前识别关键岗位的潜在空缺和合适的候选人，IBM 能够更有效地进行人才储备和培养，从而减少关键岗位空缺带来的风险。

（3）案例启示

Watson 的应用案例展示了大数据和 AI 技术如何革新传统的人力资源管理，给我们带来了两点启示。

①数据驱动的人力资源管理。通过大数据分析和预测性建模，人力资源部门能够更准确地识别和解决问题，制定更有效的人才战略。这种数据驱动的方法提升了决策的客观性和科学性，有助于人力资源部门在组织中扮演更具战略性的角色。

②人力资源岗位的转型。AI 技术的广泛应用要求人力资源专业人员不仅要掌握传统的人力资源管理知识，还需要具备数据分析和解读的能力。这给人力资源岗位提出了新的挑战，同时也为其提供了新的发展机会。人力资源专业人员需要不断学习和适应，充分利用 AI 和数据的力量来提升工作效率和

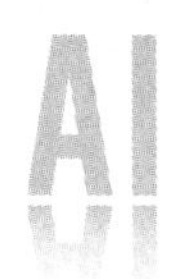

质量，从而成为组织的真正战略伙伴。这种变革要求人力资源领域的专业人员积极跟进技术发展，不断提升自己的能力，以适应快速变化的工作环境。

7.3　AI 在组织架构优化中的作用

人工智能已成为引领组织变革的主要动力之一。AI 不仅为我们提供了优化现有工作流程的机会，更为我们开启了重新定义组织运作方式的大门。在面对这一机遇时，我们需要以全新的视角审视组织的战略布局、领导力发展、人才培养、文化塑造以及架构设计等方面，以确保组织能够在 AI 的浪潮中稳步前行。

在当前全球数字经济迅速发展的背景下，组织的一致性、敏捷性和智能化变得尤为关键。组织需要全面整合 AI 技术，以确保其在组织运作的各个方面都能发挥最大效用。同时，高层管理团队需要重新定位自身在组织中的角色，与其他组织要素协同合作，共同推动组织的整体进步。以字母表公司为例，其积极探索 AI 在各个领域的应用，如开发用于优化机器学习的专用芯片、利用深度学习推动癌症研究，以及在各类设备上部署 AI 驱动的助手等。这些举措不仅体现了其对 AI 技术的深度应用，更展示了其将 AI 作为组织战略核心的坚定决心。

AI 能够更好地凸显每个人的劳动意义，让组织中的每个人都对参与协作具有高度的主动性。可以预见，AI 在组织变革与优化方面将发挥更大的作用。

7.3.1　组织架构中的参与者

过去，组织管理一直面临着一系列挑战，如实现全员高效协作、确保信息准确流通以及让每位员工深刻理解工作的意义等。然而，随着 AI 技术的不断发展，这些挑战正在发生改变。AI 不仅能够有效将信息和资源传递给组织中的每个成员，确保他们在决策时都基于准确的数据，而且在人力资源管理、组织文化塑造、项目管理等方面也发挥着重要作用。

例如，谷歌利用 AI 技术深入分析了高绩效团队的共同特征，如团队成员间的互动方式、沟通模式和决策流程等。这些分析帮助企业识别了促进团队成功的关键因素，如心理安全感、明确的目标和团队结构的适应性。

AI 技术特别是机器学习和自然语言处理技术的应用，使得系统能够实时监控和分析员工的行为模式，不仅仅限于工作产出的数量和质量，还包括沟通方式、团队互动方式以及决策风格等更深层次的行为特征。举例来说，AI 可以通过分析员工在会议中的发言风格、电子邮件中的表达方式和语气，以及工作中的决策模式来评估其领导力、团队合作能力和压力管理能力。这些深度分析提供了对员工软技能和综合能力的全面评价，有利于激发员工的积极性和主动性，激励每个人都积极参与到团队协作中去。

7.3.2 人力资源的变革

在面对日益复杂、动态、多变的组织环境时，传统的人力资源管理方式显得力不从心，大量的人力和时间被用于手动处理、协调和管理人力资源的各种事务。然而，在 AI 时代，从招聘、培训到员工发展和绩效管理，几乎所有的人力资源管理流程都可以通过 AI 技术得到优化。

AI 在人力资源管理中的作用不可忽视，除了可以协助组织准确定位适合的人才、自动筛选简历、安排面试之外，还可以在面试过程中提供支持。对于员工的发展，AI 也能够根据每个员工的特点和需求，提供个性化的发展路径和资源。在绩效管理方面，通过数据分析，AI 能够更准确和客观地评估员工的表现，从而协助管理层做出更公正和合理的决策。

7.3.3 跨部门协作的新模式

在传统组织结构中，跨部门协作常常会受制于信息孤岛，容易出现沟通不畅的现象。然而，AI 赋能的组织打破了部门之间的沟通壁垒，促进信息的流通和共享。通过智能化的信息管理系统，员工能更轻松地获取其他部门的数据和信息，在项目实施过程中做出更合理和全面的决策。此外，AI 技术还能够在项目协作中发挥积极作用。举例来说，借助智能任务分配，可以确保每项任务都能够委派给最适合的人员；借助智能进度管理，可以实时跟踪项目的执行进度，并及时调整计划以应对可能出现的问题。

公司业务团队与 IT 团队之间的文化鸿沟普遍存在，但 AI 技术的发展使这两个团队之间开展密切合作成为可能。盛宝银行的大数据和 AI 主管克里斯

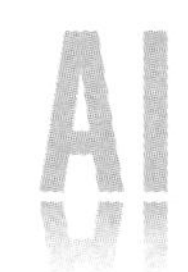

蒂安·巴斯克·黑达尔（Christian Busk Hededal）曾表示：“我们采用了双向协作模型，技术团队和业务团队自由交换想法和信息。技术团队知道什么是可以实现的，业务团队则了解什么是有用的，而真正的创新就是在这个交汇点上诞生的。我们的目标是成为数据驱动的组织，实现技术与业务的紧密结合。”

IT 团队和业务团队作为公司两支平等力量，保持对话和沟通协调，有利于打破部门之间的隔阂，促使机器学习和 AI 开发团队成为业务组织不可或缺的环节，从而可以进一步弥合鸿沟。

7.3.4　构建新型企业文化

在 AI 时代，企业文化的构建和传递不再完全依赖于传统的面对面沟通和团队建设活动。借助 AI 技术，企业的价值观、使命和愿景能够更深入地融入日常工作中。AI 根据每个员工的独特需求，提供个性化的文化传递方案，以确保每个人都能深刻理解和内化吸收企业文化精要。同时，通过分析员工的行为，AI 能帮助组织及时发现可能存在的文化方面的问题，并提供解决方案。这不仅有助于增强员工的归属感和忠诚度，也有助于提升组织整体的凝聚力和执行力。

AI 赋能组织转型，并不是简单地在现有工作流程中引入 AI 技术，而是基于 AI 重塑组织的未来形态，成为组织变革的驱动力。因此，应将 AI 嵌入组织各个层面，使其成为组织基因的一部分，促进组织释放出全部潜力。换句话说，这不仅是为了更好、更快地做同样的事情，也是为了开展新的活动，创造更大价值。

7.4　AI 提升团队协作与沟通效率

AI 的功能虽然强大，但很多企业在将 AI 整合应用到团队运作过程中时，还是遇到了不少困难。例如，一家广告公司利用 ChatGPT 为客户生成的广告文案与该公司本身的品牌战略之间存在错位，导致客户反馈效果不佳。这表明，尽管技术在不断进步，但如何有效地将其融入组织仍是一个复杂的课题。只有当技术与人、团队和组织策略完美契合时，才能真正发挥作用。

7.4.1 AI 融入团队协作

团队协作的精髓在于协同与共鸣，正如交响乐团中各乐器和谐共鸣，方能奏响华彩乐章。然而，面对多元化、国际化的团队成员，他们在背景、经验及工作风格方面的差异往往导致其对信息理解的不一致乃至错位。AIGC 与基于机器学习的交互系统正悄然改变这一现状，它们不仅作为工具，更成为团队中的共同创作者，驱动着持续的学习与互动。

AIGC 在团队协作中展现出强大的整合力，它如同一位无形的指挥家，引导团队成员建立起统一的合作模式。在汽车制造领域，设计师、工程师与市场专家曾因各自为政、信息不对称而面临沟通障碍。如今，AIGC 能在各个环节提供数据支持与可行性分析，构建起“意识链接”，使得每位成员都能深刻理解彼此的工作，从而协同一致，共同推动项目迈向成功。

在广告创意领域，AIGC 更成为创意团队与数据分析师之间的桥梁。它即时反馈市场数据，确保创意紧贴市场脉搏，既保持了创意的新颖性，又确保了其可行性。AI 的介入，让创意不再碎片化，而是整合成一个完整的创新框架，最大限度地释放了团队的创新能力。

要实现 AI 在团队协作中的最佳效果，团队及其领导需采取一系列策略。首先，构建人类与 AI 共创的学习系统，提升两者协作的效率与质量，形成新的团队合作模式。这种模式下，团队认知、集体智能与人工智能的深度融合，不仅提升了团队的整体表现，还促进了技术的持续进步与创新。

其次，有效的沟通策略是保障人类—AI 团队协调顺畅的关键。AI 需具备与人类伙伴协调合作的能力，促进信任与情境意识的发展。同时，AI 系统的适应性也至关重要，它应能根据团队成员的不同需求与能力，灵活调整其输出内容，实现无缝对接。

此外，构建专家型系统的机器学习模型也是人工智能—人类团队系统的重要组成部分。通过联合训练分类器与分配系统，模型能准确预测并处理复杂问题，将任务分配给最适合的团队成员，无论是 AI 还是人类专家。这种智能分配机制确保了资源的优化配置与任务的高效完成。

总之，生成式 AI 在团队协作中扮演着至关重要的整合者角色。它如同

交响乐团的指挥家，将团队成员的才智与智慧融合为一体，共同奏响协作的华彩乐章。然而，要实现这一壮丽的合奏，团队及其领导需不断探索与实践，以最大限度地激发 AI 的整合潜力，共创更加辉煌的未来。

7.4.2　AI 优化团队架构

团队的架构不仅决定了工作的效率，在很大程度上也影响着团队的协同合作能力。就像画家用线条为画作勾勒出轮廓，团队架构为组织提供了一个清晰、有序的工作框架。因此，随着 AI 融入工作生态，构建和优化团队架构则变得十分关键。

一方面，组织需要重新审视和调整团队成员的分工和角色，确保每个成员在最擅长的领域充分发挥优势。只有最大化利用每个团队成员的专业技能和经验，才能形成一个真正高效、多样化和充满活力的协作团体。例如，在健康医疗行业，随着 AI 的引入，放射科医生不再仅仅依靠自己的经验解读医学影像，AI 能够提供初步分析。但为了确保诊断的准确性，必须有一个结构化的团队，AI 负责初步筛查，经验丰富的放射科医生进行最终确认。

另一方面，组织需要明确 AI 的角色。AI 不是一个工具，而是团队中的一个关键成员。在许多创意驱动的团队中，AI 可以扮演数据驱动的“团队成员”角色，提供关于用户行为、趋势和竞争对手的实时反馈。与传统的团队成员一样，AI 也有独特的“角色”和“职责”。通过明确 AI 的功能定位，以及如何与其他团队成员协同工作，组织可以确保 AI 技术得到最佳利用，并与团队成员建立真正的合作关系。

7.4.3　AI 变革领导角色

随着 AI 技术的普及，现代组织的领导角色正在经历一场颠覆性的变革。领导者不再仅仅是人员的指挥者，必须学会与智能系统和谐共舞。借助 AI 的实时洞察，决策将变得更为迅速和精准，领导者也将拥有更多持续提升自我的契机。在这个数字化时代，领导者不仅是方向的指引者，更是创新的先锋。“逆水行舟，不进则退。”在 AI 的浪潮中，只有那些勇于创新和改变的领导者才能够引领团队走向更加辉煌的未来。

在 AI 技术浪潮中，领导不仅仅要对人进行管理，更要对系统和流程进行引导。在 AI 融入团队结构的过程中，领导的角色也变得至关重要。领导者不仅要“管理人”，还需要掌握“管理 AI”的能力。这并不意味着领导者需要成为 AI 技术专家，但他们需要理解 AI 的能力和局限，明确 AI 在团队中扮演何种角色，以及如何与团队成员协同工作。根据报道，超过 60% 的成功组织表示，其高层领导已经开始定期接受与 AI 相关的培训和教育，以提高他们的战略决策能力。

领导者的职责正在从传统的“人员管理”向“系统和流程管理”转变。在 AI 技术与团队协同工作的背景下，领导者需要设计和优化工作流程，确保 AI 技术与团队成员之间的交互是无缝的、高效的。这意味着领导者需要更加注重团队的整体运作模式，而不是只关注单一任务的完成情况。

采用自动化工具 RPA（Robotic Process Automation，机器人流程自动化），可以将常规的、重复性的任务交给 AI 处理，让团队成员能够集中精力处理更复杂、更有价值的任务。同时，借助 AI 技术，组织可以将一系列常规的、重复性的操作串联起来，从而降低人为错误率，并提高生产效率。这种自动化不仅有助于提升生产力，还能确保在关键的商业决策中及时提供准确、实时的数据支持，进而保证商业决策的科学性和敏捷性。

领导者需要展现出更广的战略视野和更强的变革管理能力。在瞬息万变的商业世界中，组织领导者必须确保使用的 AI 技术始终处于行业前沿。适时更新和优化技术平台不仅确保了组织对外部变化的快速响应能力，而且强化了竞争优势。长期来看，只有那些将技术创新纳入战略核心的组织，才能保持在行业内的领先地位，捕捉到更多的商业机会，并在数字化转型的浪潮中占得先机。同时，组织需要不断地进行自我更新和调整。领导者不仅要保持对最新技术趋势的敏锐洞察，还要激发团队的变革意识，引导他们积极应对技术变革带来的挑战和机遇。

7.4.4 AI 帮助领导者把握新生机会

在 AI 时代，领导者的职责发生了变化，领导者也获得了前所未有的发展和提升自我的机会。领导者可以利用 AI 扮演不同角色，提高自身的决策能力

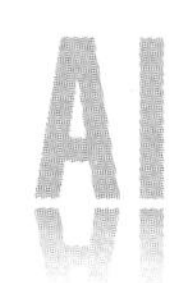

和团队管理效率。

一是将 AI 作为决策助手。领导者可以利用 AI 来分析大量的数据，并从中获得有关市场趋势、消费者行为和团队绩效的信息。例如，AI 系统可以分析销售数据、客户反馈和社交媒体评论，进而为领导者提供有关新产品发布的建议或市场进入策略。

二是将 AI 作为团队管理工具。AI 可以对团队成员的工作效率和贡献进行实时跟踪和分析。例如，AI 可以识别那些经常延迟完成工作的团队成员，或者那些在某个特定项目中表现出色的成员。这样，领导者就可以针对性地给予成员反馈、指导或表彰。

三是 AI 作为领导者的教练。利用自然语言处理和情感分析技术，AI 可以分析领导者与团队成员之间的沟通内容和方式，从而为领导者如何更有效地与团队沟通提供建议。此外，AI 还可以对重要会议、决策点或关键日期进行提醒，确保领导者始终保持最佳状态。

四是 AI 为领导者提供风险警示。通过持续监测市场和组织内部的各种信号，AI 可以为领导者提供潜在风险的早期警示。例如，如果某个市场的需求突然下降，或者某个团队成员出现高频的错误，AI 可以立即通知领导者，让他们提前制定应对策略。

五是 AI 助力领导者自我成长。AI 可以根据领导者的行为和决策习惯，为其领导风格提供反馈，帮助他们识别自己的优势和需要改进的地方。例如，AI 可以分析一个领导者过去的决策，从中找出成功和失败的启示，进而为领导者提供针对性的建议和培训资源。

7.5　案例分析：AI 在员工销售培训中的革新应用

7.5.1　AI 赋能销售培训的挑战与机遇

当前销售培训领域普遍面临着内容脱节、形式僵化、资源错配等痛点。销售人员面对多变的市场环境，亟须灵活高效的培训支持。AI 作为新兴力量，以其无间断服务、个性化指导及成本效益优势，为销售培训带来了前所未有的变革机遇。企业担忧的焦点在于 AI 能否精准匹配销售场景，提供定制化建议，而非泛泛之谈。

7.5.2 AI 培训模型的深度定制

为解决上述问题，我们构建了基于企业私有数据的 AI 培训模型。该模型通过数据预处理、RAG（Retrieval Augmented Generation，检索增强生成）技术融合大语言模型，实现了高度定制化的 AI 问答系统。在数据预处理阶段，我们采用 AI 辅助转换与向量化技术，确保信息的精准提取与高效检索。RAG 技术的引入，使得模型能在基础模型外检索相关数据，增强回复的针对性和准确性。最终，通过优化用户界面设计，实现了用户友好、易于测试的系统体验。

7.5.3 AI 驱动的销售培训实践与优化

在初步测试中，AI 导购助手展现了更高的效率与准确性，但也暴露出回复冗长、检索速度稍慢等问题。针对这些问题，我们进一步优化了文本拆分与向量化处理策略，采用主题段落拆分与局部向量化方法，有效缩短了检索时间并提升了回复质量。同时，引入树状思维导图与条件判断机制，增强了 AI 助手的灵活性与适应性，即使面对未知主题也能给出合理回应。

客户反馈显示，优化后的 AI 助手在话术准确性、发言长度及客户画像学习方面均达到预期效果。然而，为追求更完美的用户体验，企业仍需不断探索与改进。通过增加条件判断动作，AI 助手能够更智能地处理未知主题的提问，确保培训的连续性与有效性。

AI 在销售培训中的革新应用不仅验证了 AI 在该领域的巨大潜力，也为未来 AI 与销售的深度融合提供了宝贵经验。通过精准定制、持续优化与高效协作，AI 正逐步成为销售培训领域不可或缺的重要力量，助力企业实现销售效能的全面提升。

第 8 章　AI 在市场营销中的实践

AI 技术的引入，使得个性化营销成为可能，通过对用户数据的分析，AI 能够精准识别消费者需求，提供定制化产品和服务，提高满意度，增加销售额。智能推荐系统则根据用户数据为其推荐感兴趣的产品，提升购物体验，增加交叉销售机会。自动化营销流程利用 AI 分析市场趋势、制定策略、执行活动，减轻了工作负担，提高了效率。多渠道营销借助 AI 工具在多个渠道展开营销，受众覆盖面更广，提升了品牌知名度和影响力。

8.1　AI 辅助制定营销方案

在当今数字化浪潮中，AI 技术正成为营销领域的一大利器，助力企业实现更精准、更智能的营销策略制定。AI 的强大算法和数据分析能力为营销人员提供了全新的视角和决策支持，使得制定的营销方案更加科学、高效。AI 赋能营销方式和策略，引领着新的营销趋势。

8.1.1　数据驱动的市场分析

在 AI 赋能的营销环境中，数据是核心。企业应建立完善的数据收集和分析体系，通过数据驱动决策，确保营销策略的针对性和有效性。AI 技术的应用使营销领域进入了数据驱动的新时代。通过 AI 强大的数据处理和分析能力，营销人员可以更准确地了解市场趋势、消费者行为和竞争对手情报。AI 能够从海量数据中挖掘出有价值的信息，帮助企业制定更具前瞻性和针对性的营销策略。例如，借助 AI 技术进行市场分析，企业可以更好地了解目标受众的需求和偏好，从而调整产品定位和营销策略。

例如，The News Movement 媒体平台为最大限度地扩展受众数量，需要深入挖掘数据，了解受众在思考什么、谈论什么。它们利用 AI 工具 Sprinklers Unified-CXM 实现了跨平台客户数据分析，深入了解受众意图，提升互动和参与度。

此外，该平台还通过 SentiOne，及时地捕捉消费者的看法和情绪信息，优化营销策略和改善品牌形象。应用 Emplifi 工具可以帮助企业实时监控和回应客户反馈，提升客户满意度，提高其对品牌的忠诚度，并优化营销策略。整合多渠道如社交媒体评论、客户服务等资源，能帮助企业分析各种数字渠道上的品牌声誉和客户互动情况。AI 工具的使用让 The News Movement 平台节省了大量市场分析的时间，也提高了分析效率。

8.1.2 智能化个性化营销

AI 技术在智能推荐和个性化营销方面发挥着重要作用。通过分析用户的行为数据和偏好，AI 可以实现个性化的产品推荐和定制化的营销，提高用户体验和购买转化率。AI 还可以根据不同用户群体的特征和需求，精准地制定个性化营销策略，实现更有效的营销效果。举例而言，通过 AI 技术的智能推荐算法，企业可以向用户推送符合其兴趣和需求的产品，从而提高客户的购买意愿和忠诚度。

Netflix 影视传媒公司在营销方面表现出色，其中一个显著特点是其对个性化的运用。Netflix 是如何实现这一点的呢？Netflix 的说法是："我们利用会员观看记录、喜好倾向以及与服务平台的互动情况等数据，来更准确地预测下一部精彩的电影或电视剧。"

借助 Evolve AI、Kameleoon、Optimizely、Dynamic Yield 等 AI 工具收集、分析数据，可以实现用户精准推荐，甚至用户所见到的艺术作品也是个性化的。值得一提的是，Netflix 的推荐引擎每年创造了超过 10 亿美元的价值，正如所期望的那样，这是通过为观众量身定制的个性化推荐网格实现的。

8.1.3 实践案例

一位创作者曾分享其创作经历，称其在 2023 年 1 月创作"麦麦博物馆系列"作品时，灵感主要来源于两个有趣的信息：一是注意到麦当劳发布的一篇关于正能量信条的帖子得到了疯狂转发；二是国内麦当劳粉丝自豪地将品牌称为"麦门"，并自称为"麦徒"。这些信息激发了创作者的创作灵感，将个人艺术风格与麦当劳的经典产品相结合，并融入中国古代文物元素，以

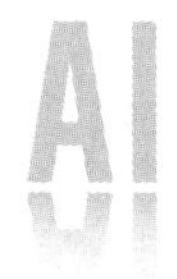

“麦门圣物”为主题创作了这组系列作品，设计出了这一独特而富有创意的“麦麦博物馆系列”作品。

在整个创作过程中，创作者使用了 Midjourney 和 Photoshop 这两款工具。前期，Midjourney 展现出惊人的创意捕捉和氛围营造能力，但在实际创作中，他需要通过大量提示词测试、迭代和筛选来确定有效画面；随后，他会利用 Photoshop 进行后期优化，包括构图、色彩修正、细节涂抹、添加麦当劳品牌标识和个人版权链标识等工作。这样，一幅完整的土豆人数字作品最终完成。“麦麦博物馆系列”作品见图 8-1。

图 8-1　“麦麦博物馆系列”作品

8.2　AI 在广告投放和优化中的实践

在当今的数字化营销时代，AI 的应用已经成为广告投放和优化中的关键因素。AI 技术的快速发展为广告主和营销人员提供了更多机会，能够更有效地触达目标受众，并实现广告活动效果的最大化。

一个显著的案例是 Facebook 在广告投放中的智能应用。Facebook 是全球较大的社交媒体平台之一，非常擅长利用 AI 技术分析用户的行为数据和兴趣爱好。通过跟踪用户的浏览历史、喜好和互动行为，Facebook 能够精准地定位用户兴趣，并向他们展示相关的内容推荐。实时竞价和自动化广告投放功能，不仅提高了用户体验，也提升了广告点击量和转化率，为 Facebook 带来了可观的营收增长。

另外，亚马逊作为全球较大的电商平台之一，也在广告投放中广泛应用 AI 技术。亚马逊利用 AI 算法对用户搜索和购买行为进行分析，为广告主提供精准的广告定位和投放方案。通过预测分析和趋势识别，亚马逊帮助广告主更好地了解用户需求，提供符合用户兴趣的广告内容，从而提高广告转化率。

AI 在广告投放和优化中的实践已经成为数字营销领域的重要发展趋势。通过智能广告定位、实时竞价、广告创意优化、预测分析和自动化投放等方式，AI 技术为广告主提供了更多可能性，实现了更精准、高效的广告投放，进而取得了更好的营销效果和更大的商业价值。

8.3 基于 AI 的品牌传播与推广策略

在 AI 时代，品牌传播与推广策略需要与时俱进，充分利用数字化技术和智能化工具，创新推广方式，提升品牌影响力和竞争力。通过内容营销、社交媒体营销、搜索引擎优化和数据驱动的营销等策略的综合运用，基于 AI 的品牌传播与推广策略可以更好地传播品牌的创新精神、专业能力和价值理念，引领未来发展，赢得市场和用户的认可与信赖。

8.3.1 内容营销

内容营销一直是数字化营销的核心。为了吸引终端用户的注意力，营销从业者在内容设计、灵感激发和生成方面需要不断创新。AI 的出现为内容创作带来了全新的可能性。AI 可以根据用户的需求和兴趣自动生成各种形式的营销内容，包括文字、视频、图像等。借助深度学习算法，AI 能够模仿多样的写作风格，并根据大数据分析结果来优化内容质量。这种自动生成内容的方式不仅节省时间和人力成本，还能快速满足不同渠道和平台的需求，提高营销效率和灵活性。

内容营销对于推广品牌而言至关重要。通过发布高质量的内容，如博客文章、案例研究、视频等，品牌得以展示其应用场景、解决方案和优势，进而吸引目标受众的关注。借助内容营销，品牌能够传达在行业领域内的专业能力和创新能力，树立行业权威形象。在此方面，意大利公司 Nutella 的表现突出。

Nutella 希望其产品包装能在众多竞争对手中脱颖而出，不仅能够吸引消费者的注意，还希望让品牌成为人们热议的话题。为了实现这一目标，他

们委托了设计师团队运用 AI 工具如 Midjourney、DALL-E、Alpaca、Dream Studio 等创作出了超过 10 种不同的设计图案，生成了 700 万个独特的产品标签。每个标签都充满了个性和表达力，犹如意大利人的特质。Nutella Unica 一经问世，便成为市场上的一大亮点，图 8-2 为 Nutella 包装设计。

图 8-2 Nutella 包装设计

8.3.2 社交媒体营销

社交媒体是互动性强、传播速度快的平台，是推广品牌的重要渠道之一。通过在主流社交媒体上发布品牌相关的内容、参与讨论和互动，品牌可以增加曝光度、建立品牌认知度，并与受众建立联系。定期分享行业、产品的最新发展、趋势和案例，可以吸引更多关注品牌的眼球。

社交媒体和广告是营销的重要组成部分，意大利公司 Cosabella 将 AI 引入其营销操作中并取得了巨大成功。随着 Cosabella 与其代理之间的营销沟通变得既耗时又困难，他们决定让一个名为 Albert 的算法接管其付费搜索和数字营销工作，使用品牌提供的创意，并遵循品牌为其制定的关键指标要求。AI 接管世界可能令人恐惧，但对 Cosabella 来说，Albert 接管其营销工作使其在搜索和社交媒体上的广告支出回报增加了 50%，同时广告支出减少了 12%。

8.3.3 案例分析：AI 技术引领品牌潮流

雀巢 818 宠粉节是雀巢集团为感谢和回馈消费者而举办的一系列营销活动。2023 年，雀巢集团推出了为期 11 天的“美味玩出界”宠粉节活动，旨在通过提供各种优惠、互动和体验，加强品牌与消费者之间的联系，提升消费者对品牌的忠诚度。在这次活动中，雀巢集团运用 AIGC 技术创造了“雀巢美食世界”，通过线上云游的概念，引领全平台粉丝探索雀巢庞大的美食世界。

这次雀巢 818 宠粉节活动突破了传统的营销模式，充分利用 AI 技术为活动提供新的创意，为消费者带来全新的互动感受和参与方式。通过结合线上云游戏和 AIGC 技术，雀巢成功打造了一个独特的虚拟美食世界，为消费者带来了全新的品牌体验和互动乐趣。

雀巢 818 宠粉节的成功充分展示了 AI 技术在品牌营销中的潜力和创新性，为品牌带来了更广阔的发展空间和更深入的消费者互动体验，为未来品牌大促活动树立了新的标杆，指明了方向。

雀巢 818 宠粉节的成功之处在于跨越多个业务线，涵盖来自不同产地的经典产品。在面临项目制作周期紧张、多地拍摄存在困难的情况下，公司运用 AI 技术的“脑洞”，创新性地生成多个自然场景，以“人机协同”的方式重塑了创意生产工作流程。他们利用 AIGC 技术快速、批量生成丰富的概念图，早期沟通确定创意方向，同时高效生成海内外写实场景和关键元素，降低了素材海淘和建模渲染的时间成本。

借助这一新的工作流程，他们在仅三周的筹备时间内就成功完成了 12 张高质量、高难度的素材产出，工期缩短至同类项目的 50%。这些素材成功地应用于多个公共和私人平台，AI 生成的创新素材也在社交媒体平台上引发了打卡热潮。这一案例充分展示了 AI 技术在创意生产和品牌营销中的巨大潜力，为未来的项目策划提供了新的思路和方法。

这一案例展示了 AIGC 新技术辅助大体量营销内容的生产方式，满足小预算、轻量化制作和高质量产出的需求。尤其是在大型促销活动期间，这种

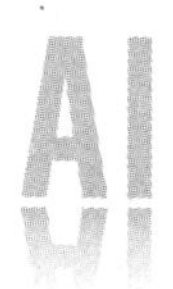

方法为满足“质量 + 效率”双高要求的内容需求提供了全新的解决方案。借助 AIGC 技术，企业能够以更低的成本投入快速生成高质量的创意内容，有效应对营销活动中的挑战，实现内容生产的质量和效率的双重提升。

8.4　AI 在图文带货中的应用

AI 图文带货是利用人工智能技术生成具有吸引力的图片和文字内容，以促进商品销售的一种营销方式。通过 AI 算法，系统自动生成与商品相关的图片和描述性文字，展示商品的特点和优势，吸引消费者的注意力。

8.4.1　筛选产品信息

在进行图文带货时，选择适合的产品是至关重要的。选择一款好的产品，图文带货也就成功了一半。遵循以下选品方法，有助于我们选出“好”产品。

①了解目标受众和市场需求。在选择产品时，首先要深入了解目标受众的需求和偏好。通过市场调研和数据分析，了解目标受众的年龄、性别、地域、消费习惯等信息，以便选择符合其需求的产品。

②考虑产品的热度和趋势。选择热门和具有潜力的产品，可以提高带货效果。关注市场趋势、消费者喜好和竞争对手的表现，选择符合当前热点和趋势的产品。

③产品质量和品牌声誉好。产品质量和品牌声誉是产品选择的重要考量因素。选择有良好口碑和高质量的产品，可以提高用户信任度和购买意愿，从而提高产品带货效果。

④产品适合特定销售渠道和平台。考虑产品的销售渠道和平台特点，选择适合的产品进行带货。不同产品适合的销售渠道和平台可能有所不同，需要根据实际情况做出选择。

⑤盈利空间和市场竞争。评估产品的盈利空间和市场竞争情况，选择具有竞争优势和盈利潜力的产品，避免选择市场过于饱和或竞争激烈的产品，以免影响带货效果。

⑥收集商品信息。收集商品的详细信息，包括名称、特点、优势、价格等，以便在生成图文内容时使用。

⑦测试和优化。在选择产品后，可以通过小规模测试或试销售的方式，评估产品的市场反应和表现。根据测试结果进行优化和调整，提高产品的带货效果。

8.4.2 选择合适的 AI 工具

市面上有许多图像生成和文本生成工具，用户需要根据自己的需求和预算选择合适的工具。大部分软件都有试用版和会员版。我们可以试用免费版，觉得合意，再选择会员版。通常情况下，我们优先选择在软件市场上应用两年以上的版本，因为经过多轮迭代之后，其各项功能趋于完善。这里选择“canva”可画软件进行分析。

可画软件主页可以分为三部分：左侧为工具栏，顶端为下拉式菜单，中央区域为各种风格选择。界面内容丰富，菜单选择符合一般使用者的需求，见图 8-3。

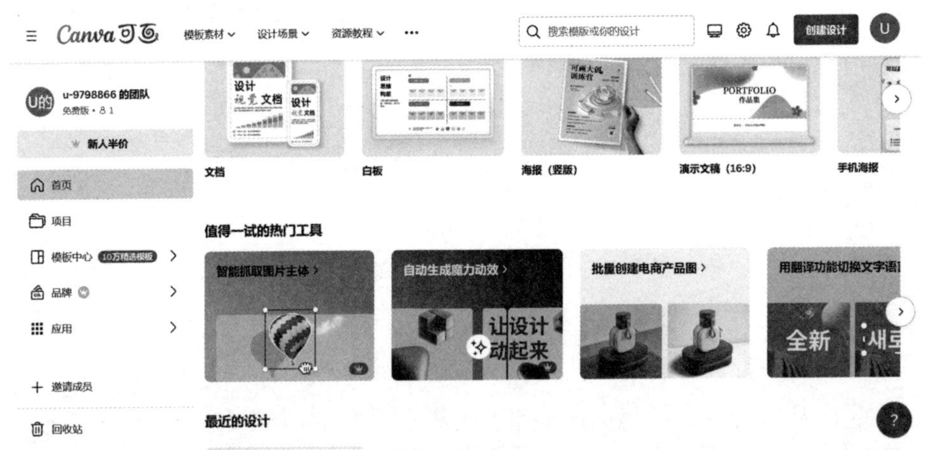

图 8-3 可画软件主页

从主页中央直接点击“批量创建电商产品图”，开始创建图文带货海报，生成与商品相关的图片和文字描述。首先要在确保内容质量高、有吸引力的同时，着重突出商品的价值。其次要结合生成的图片和文字，撰写引人注目的带货文案，强调商品的特点和优势，激发消费者的购买欲望。最后将生成的图文内容发布到适当的平台上，如电商平台、社交媒体平台等，并进行有

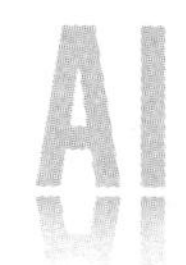

效的推广，吸引潜在消费者的关注。

可画主页顶端菜单的下拉菜单选项丰富，如模板素材、设计场景、资源教程等，分别见图 8-4、图 8-5 和图 8-6。

图 8-4　顶端“模板素材”下拉菜单内容

图 8-5　顶端“设计场景”下拉菜单内容

图 8-6　顶端“资源教程”下拉菜单内容

丰富的可选菜单、强大的功能，为我们创建电商产品图奠定了坚实基础。

8.4.3　AI 图文带货项目的实施策略

在实施 AI 图文带货项目时，有一些关键策略和注意事项，具体如下。

①保持真实性与准确性。确保生成的图文内容能真实准确地反映商品的实际情况，避免夸大或虚假宣传。应当通过清晰的描述和真实的图片展示，提供客观的信息，建立用户信任。

②关注用户体验与质量。注重图文内容的质量，确保文字清晰易懂，图片清晰、质量高，提供明确的购买指引，以提升用户的购物体验。用户体验是决定购买行为的重要因素，优质的图文内容可以吸引用户并提高转化率。

③持续优化与改进。根据用户反馈和数据分析，持续优化图文内容，包括文字描述、图片展示和购买引导等，以提高带货效果。同时，要不断改进项目的关键要素，以适应市场需求和用户偏好的变化。

④合规运营与法规遵守。遵守相关法律法规和平台规定，确保项目的合法合规性。在图文内容制作和营销过程中，避免使用虚假宣传或违规行为，保持合规运营，建立企业良好形象。

采取以上策略，借助 AI 工具开展图文带货可以有效提升商品的曝光度和销售额，为电商营销带来新的可能性。精心策划和实施项目，不断优化和改

进图文内容，确保真实性、关注用户体验、持续优化和合规运营，是取得良好效果的关键。

8.5　AI 辅助营销面临的挑战

如今，越来越多的人已经认识到 AI 的强大威力。但凡事都有两面性，AI 带来的挑战也不容忽视。特别是在数据安全方面，有以下几方面问题需要注意。

①数据隐私保护。AI 应用于数字化营销，通常需要大量的数据作为机器学习的基础，这些数据可能包含终端用户的个人基础信息、行为数据等敏感信息，保护用户的数据隐私成为至关重要的任务。一旦这些数据遭遇不当使用、意外泄露或黑客攻击，将会引发严重的隐私侵犯事件，进而导致用户信任的崩塌，严重影响企业的声誉和品牌形象。

②数据安全风险。随着 AI 技术的发展，尤其是涉及机器学习模型的训练和部署，数据安全风险也在增加。恶意攻击者可能会利用漏洞或恶意代码入侵系统，窃取数据或操纵 AI 模型，从而对企业的数字化营销活动产生严重影响。

③算法偏差及人为因素的介入。AI 算法的偏差往往会导致计算结果的偏差。如果 AI 算法应用不当，可能会引发偏差行为。比如，对特定群体的定位偏差，导致投放广告或者定位群体时产生效果偏差，小则影响用户体验，大则可能引发法律纠纷，遭受社会舆论的负面评价。

④合规性挑战。数字化营销涉及的法律和监管要求严格。企业在应用 AI 进行数字化营销时，需要确保符合相关的数据安全要求，包括数据收集、处理、存储和传输等方面，否则可能会面临高额罚款和法律诉讼。

尽管 AI 技术可以提高数字化营销的效率和精度，但在实际应用中，人为因素仍然是一个挑战。例如，AI 算法可能会受到错误数据的影响，或者被不当调整和操作，从而生成误导性的结果。此外，人类对 AI 技术的理解和应用水平也会影响数字化营销的效果和安全性。

第 4 篇

AI 商业应用场景与工具介绍

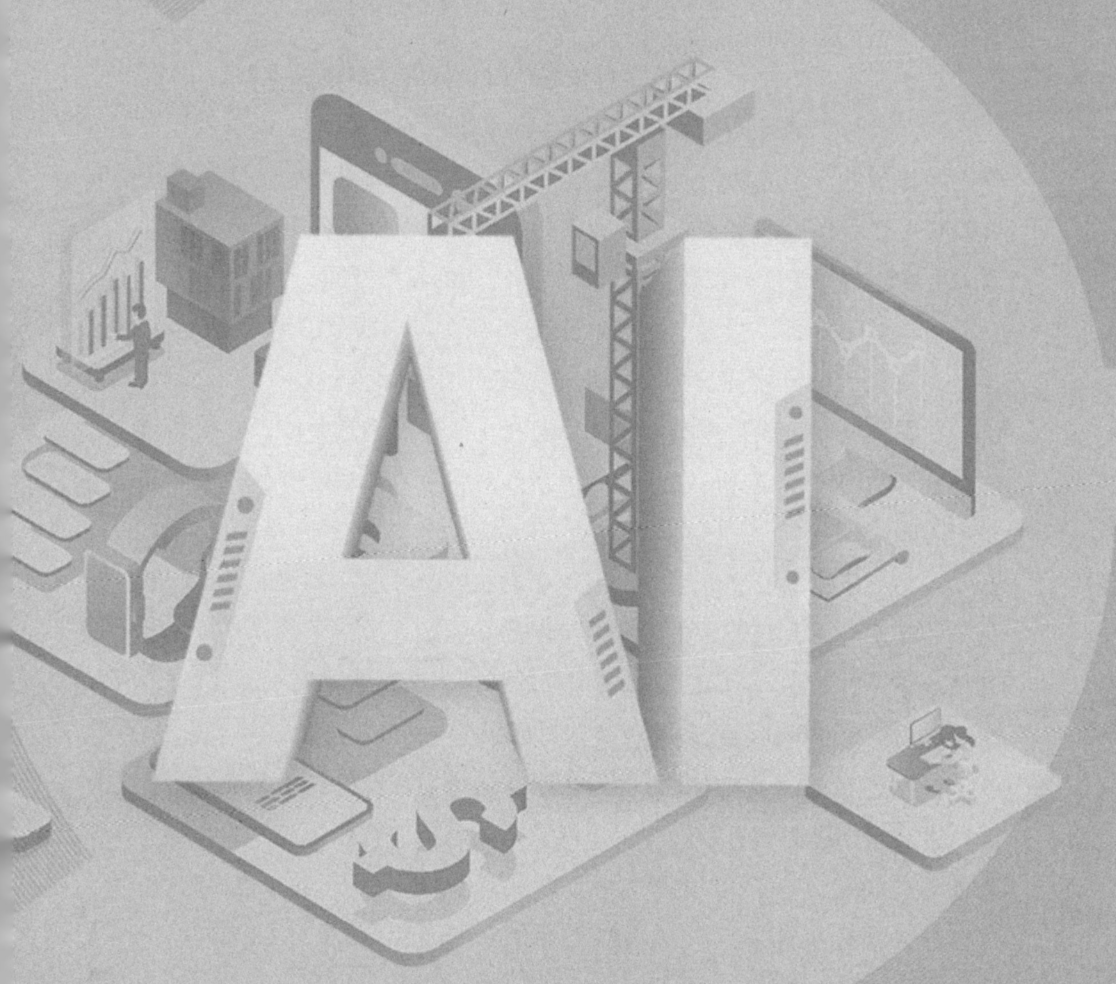

第 9 章　应用场景：AI 软件的实用案例

9.1　文心一言等 AI 软件的商业应用案例

近几年，国内互联网企业纷纷参与 ChatGPT 竞赛。百度在 2024 年 3 月推出文心一言，是国内首个与 ChatGPT 对标的产品。多家银行宣布成为百度文心一言首批生态合作伙伴，包括百信银行、新网银行、邮储银行和兴业银行。这标志着银行业开始应用对话式语言模型技术，展示了 AI 技术在金融领域的潜力。

百度推出的文心一言，具备跨模态、跨语言的深度语义理解与生成能力。这一产品类似于国外的 ChatGPT，是一种智能对话机器人，可以进行智能对话、回答问题、生成创作内容，并在对话过程中不断学习和优化。零壹研究院院长于百程指出，文心一言在智能化方面取得了突破，回复内容详细清晰且具有良好的互动性，在商业应用中具有广阔的发展空间。

据《金融时报》报道，近 300 家头部企业，来自互联网、媒体、金融、保险、汽车、企业软件等多个行业，已宣布加入百度文心一言生态。未来，文心一言将全面接入百度智能云，生态合作伙伴可通过智能云轻松调用“文心一言”的深度语义理解与生成能力，推动更多人工智能产品在实际行业场景中落地。

人工智能技术已经深度融入银行业务的多个领域，如智能风控、智能营销等，而文心一言代表着人工智能应用的又一次突破。于百程在接受《金融时报》采访时表示，AIGC 技术在银行的智能客服、数字员工、数字营业厅、内容营销、智能投研、代码编写等方面有着广泛的应用前景。

宣布接入文心一言的银行纷纷表示，通过与百度的技术共享，将智能对话技术应用于国内银行业，为用户提供全场景人工智能解决方案及服务。作为首个宣布接入文心一言的国有大型商业银行，邮储银行将率先内测该技术，并在金融领域进行类似于 ChatGPT 技术的应用试点，以提升客户体验。

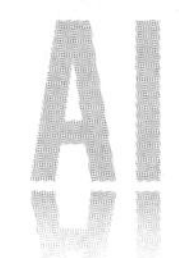

邮储银行和新网银行表示，将借助百度技术团队的支持，强化竞争力，为用户提供全场景人工智能解决方案，提升数字金融服务水平。

9.2 AI 绘画技术在不同行业的应用

9.2.1 生成概念和抽象插图

如今，我们可以直接使用紫东太初生成一些概念插画，只要脑海中拥有一个模糊的概念，通过简短的描述，就可以把脑海中的画面呈现出来。比如，我脑海中有一个想法："白天突然变成黑夜，特大暴雨倾盆而下，树木摇摆得厉害，行人好像站不稳。对应风格指令，未来主义。超清画质，虚幻引擎。请生成一幅画。"得到指令后，AI 就会根据主体和风格生成一幅概念插画稿，见图 9-1。

图 9-1　生成概念和抽象插图

9.2.2 提供配色灵感，生成灵动精细图

在我们灵感枯竭，不知道画面应该如何配色的时候，可以直接使用 AI，把自己脑海中浮现出的元素使用简短的描述词输入给 AI，它就会依据这些元素生成一组配色情绪版作品。

不同季节，不同节日，不同的元素，各种描述词进行排列组合，可以生成几乎无穷无尽的配色。对于设计师来说，AI 相当于一个可以无限检索的素材库，利用好 AI 工具，可以使设计更便捷，提高设计效率。比如，在紫东太初上输入文生图指令：“美丽的姑娘在草地上坐着，双手抱膝，微风吹起长发，甜美写真，超清。”就能生成如图 9-2 所示的图片。

图 9-2　情绪版作品

9.2.3　制作精美海报

使用 AI 制作精美海报时，首先需要确认节日的主题，包括画面的主题、画面中的元素等，然后描述节日、主体和风格，即可让 AI 批量生成图片。在生成的十几张图片中，挑选出一张满意的，即可直接使用。比如，在紫东太初上输入文生图指令：“情绪版、秋季调色板、棕褐色；构图：近景；风格：高清摄影图、超细节。”即可生成如图 9-3 所示的海报底色。

图 9-3　AI 生成的海报底色

9.2.4　美食摄影

目前，AI 生成的美食摄影图片已经可以达到以假乱真的效果了，可以看见食物的质感细节和烟火气都被体现出来了。比如，在紫东太初中输入文字：“嗞嗞作响的牛排，带有烧烤痕迹，装饰着新鲜的香草和五颜六色的蔬菜。”很快就能生成一张美图，无论是构图还是创意以及色彩，都令人称赞，见图 9-4。

图 9-4　美食摄影作品

9.3 基于 AI 的 SWOT 分析案例

在今天的商业世界中，企业运营和发展需要对内外环境进行深入的理解和分析。SWOT 分析，即对企业的优势（Strengths）、弱点（Weaknesses）、机会（Opportunities）和威胁（Threats）进行全面的分析，是商业决策过程中的关键步骤。现在，AI 应用工具已经提供了解决方案，能帮助企业进行有效的 SWOT 分析。

这一功能的实现主要是基于人工智能和机器学习技术。通过分析企业的历史数据、市场趋势、消费者行为等信息，AI 能够对企业的优势和弱点进行深入的理解和分析。同时，通过预测市场和行业的未来走势，它能够帮助企业发现潜在的机会和威胁。

例如，AI 可以通过分析企业的财务报告、市场份额、产品质量和客户满意度等信息，帮助企业分析其优势和弱势。对于机会和威胁的分析，AI 则可以通过对市场动态、竞争态势、行业政策等外部因素进行评估，从而帮助企业预见并应对可能的挑战和机遇。

AI 工具的引入，让企业的 SWOT 分析更加精确和高效。一方面，它可以帮助企业节省时间、资源，并避免因人为偏见和疏忽导致的错误。另一方面，它可以提供更具洞察力的分析，帮助企业更好地理解自身的竞争力，以及市场和行业的发展趋势。

总之，AI 赋能 SWOT 分析，可以帮助企业在复杂的商业环境中做出更加理智和科学的决策。随着人工智能和机器学习技术的进一步发展，未来会有更多的智能工具帮助企业实现可持续发展。

下面，我们统一以“AI 工具在财务应用中的 SWOT 分析”为提示词，展现主要 AI 工具在 SWOT 分析中的具体应用实践。

(1) ChatGPT

登录 ChatGPT4.0，输入“AI 工具在财务应用中的 SWOT 分析”，生成结果如图 9-5 所示。

AI工具在财务应用中的SWOT分析

SWOT分析是评估一个项目或产品的优势、劣势、机会和威胁的常用工具。下面是关于AI工具在财务应用中的SWOT分析：

GPT4V-图像视觉来了！
模型选择
GPT-4.0

优势 (Strengths):

1. **提高效率：** AI工具可以自动化繁琐的财务任务，如数据录入、分类和分析，大大提高工作效率。

2. **准确性：** AI在处理大量数据时可以减少人为错误，提高财务数据的准确性和可靠性。

3. **实时分析：** AI工具能够快速分析大量数据，帮助企业实时监控财务状况，及时做出决策。

4. **预测能力：** AI技术可以通过数据分析和模型预测未来的财务趋势，帮助企业制定更准确的财务策略。

劣势 (Weaknesses):

1. **成本高昂：** 实施AI技术需要投入大量资金用于软件开发、培训和维护，对一些中小型企业来说是一项负担。

2. **数据隐私：** 使用AI工具处理财务数据可能涉及隐私问题，需要加强数据安全措施以防止数据泄露。

3. **技术依赖性：** 对AI技术的依赖性较高，一旦出现技术故障或系统崩溃，可能影响财务数据的处理和准确性。

机会 (Opportunities):

1. **智能决策支持：** AI工具可以提供智能决策支持，帮助企业管理层更好地制定战略和财务规划。

2. **个性化服务：** 基于AI技术的财务应用可以提供个性化的财务建议和服务，满足不同客户的需求。

3. **市场竞争力：** 运用AI工具可以提高企业的财务管理水平，增强市场竞争力，吸引更多客户和投资。

威胁 (Threats):

1. **安全风险：** AI技术的应用可能受到黑客攻击或数据泄露的威胁，需要加强信息安全措施。

2. **法律法规：** AI在财务应用中的使用可能受到监管法规的限制和约束，需要遵守相关法律法规，防止违规操作。

3. **人才短缺：** AI技术的应用需要专业人才进行开发和维护，人才短缺可能影响AI在财务领域的推广和应用。

综上所述，AI工具在财务应用中具有提高效率、准确性和预测能力等优势，但也面临着成本高昂、数据隐私和技术依赖性等劣势和挑战。有效利用AI技术，抓住机遇，同时注意应对威胁，可以为企业的财务管理带来更多的机遇和发展

角色：原生chatGPT

图 9-5　ChatGPT4.0 的生成结果

（2）文心一言

登录文心一言，输入“AI 工具在财务应用中的 SWOT 分析”，结果如图 9-6 所示。

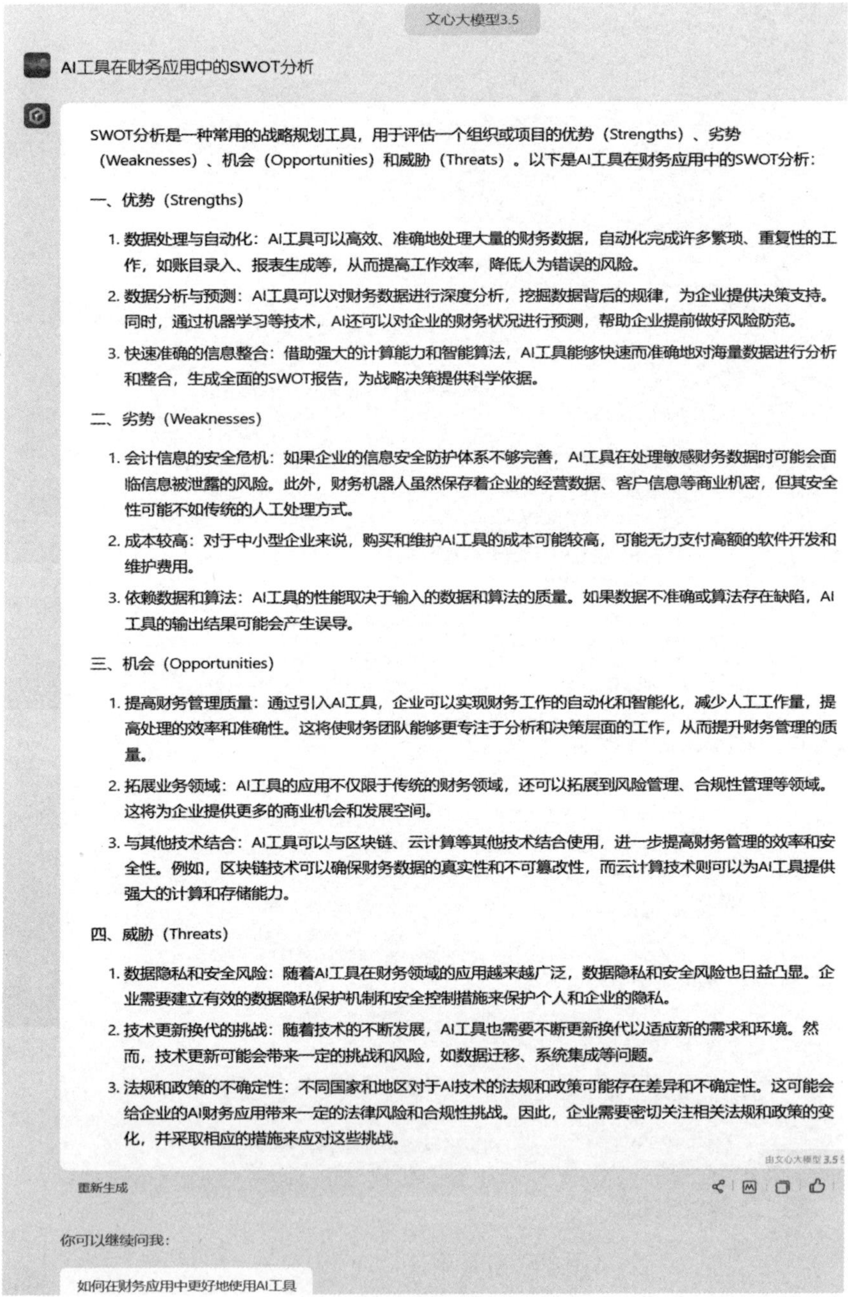

文心大模型3.5

AI工具在财务应用中的SWOT分析

SWOT分析是一种常用的战略规划工具，用于评估一个组织或项目的优势（Strengths）、劣势（Weaknesses）、机会（Opportunities）和威胁（Threats）。以下是AI工具在财务应用中的SWOT分析：

一、优势（Strengths）

1. 数据处理与自动化：AI工具可以高效、准确地处理大量的财务数据，自动化完成许多繁琐、重复性的工作，如账目录入、报表生成等，从而提高工作效率，降低人为错误的风险。
2. 数据分析与预测：AI工具可以对财务数据进行深度分析，挖掘数据背后的规律，为企业提供决策支持。同时，通过机器学习等技术，AI还可以对企业的财务状况进行预测，帮助企业提前做好风险防范。
3. 快速准确的信息整合：借助强大的计算能力和智能算法，AI工具能够快速而准确地对海量数据进行分析和整合，生成全面的SWOT报告，为战略决策提供科学依据。

二、劣势（Weaknesses）

1. 会计信息的安全危机：如果企业的信息安全防护体系不够完善，AI工具在处理敏感财务数据时可能会面临信息被泄露的风险。此外，财务机器人虽然保存着企业的经营数据、客户信息等商业机密，但其安全性可能不如传统的人工处理方式。
2. 成本较高：对于中小型企业来说，购买和维护AI工具的成本可能较高，可能无力支付高额的软件开发和维护费用。
3. 依赖数据和算法：AI工具的性能取决于输入的数据和算法的质量。如果数据不准确或算法存在缺陷，AI工具的输出结果可能会产生误导。

三、机会（Opportunities）

1. 提高财务管理质量：通过引入AI工具，企业可以实现财务工作的自动化和智能化，减少人工工作量，提高处理的效率和准确性。这将使财务团队能够更专注于分析和决策层面的工作，从而提升财务管理的质量。
2. 拓展业务领域：AI工具的应用不仅限于传统的财务领域，还可以拓展到风险管理、合规性管理等领域。这将为企业提供更多的商业机会和发展空间。
3. 与其他技术结合：AI工具可以与区块链、云计算等其他技术结合使用，进一步提高财务管理的效率和安全性。例如，区块链技术可以确保财务数据的真实性和不可篡改性，而云计算技术则可以为AI工具提供强大的计算和存储能力。

四、威胁（Threats）

1. 数据隐私和安全风险：随着AI工具在财务领域的应用越来越广泛，数据隐私和安全风险也日益凸显。企业需要建立有效的数据隐私保护机制和安全控制措施来保护个人和企业的隐私。
2. 技术更新换代的挑战：随着技术的不断发展，AI工具也需要不断更新换代以适应新的需求和环境。然而，技术更新可能会带来一定的挑战和风险，如数据迁移、系统集成等问题。
3. 法规和政策的不确定性：不同国家和地区对于AI技术的法规和政策可能存在差异和不确定性。这可能会给企业的AI财务应用带来一定的法律风险和合规性挑战。因此，企业需要密切关注相关法规和政策的变化，并采取相应的措施来应对这些挑战。

由文心大模型 3.5

重新生成

你可以继续问我：

如何在财务应用中更好地使用AI工具

图 9-6　文心一言的生成结果

从图 9-5 和图 9-6 可以看出，相同的指令在不同 AI 平台得到的结果有一些区别，但差别不是太大。

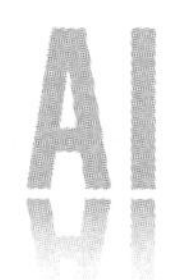

9.4 AI 在商业决策中的应用

在人工智能领域，面向商业应用的人工智能更具备落地的先天条件，智能决策则是商业智能化的重中之重。

9.4.1 数据驱动的企业决策模式

从供需角度看，对于企业而言，当前算力成本日趋下降，劳动力成本逐渐上升。麦肯锡 2017 年发布的《全球劳动力可自动化潜力指数》报告指出，中国的劳动力可自动化比例为 51%，中国劳动力总数为 7.72 亿，可被自动化替代的潜力数量为 3.95 亿。这个潜力指数体现了一种可能性，即低价值的劳动逐渐被人工智能替代，大多数员工能够进行自我升级，将劳动集中在更有价值的工作中。

企业决策模式大致经历了三个阶段：经验决策模式、电子化信息化决策模式、数据驱动的决策模式。见图 9-7。

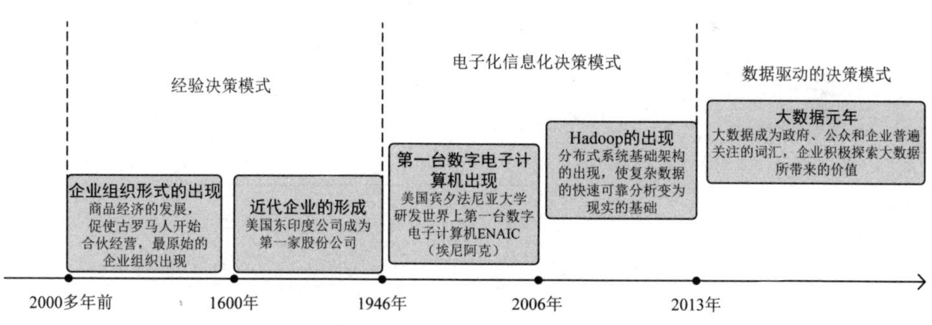

图 9-7　企业决策模式经历的三个阶段

在数据驱动的决策模式下，企业的研发、计划、组织、生产、协调、销售、服务和创新等运营全业务链均使用数字化决策，并能反馈至企业战略的决策和规划，使企业实现整体的决策智能，最终通过数据驱动引领企业乃至行业的变革。

如今，积极探索数据的价值已经成为各行业企业的共识。但很多企业止步于数据采集的步骤，原因是仍有一些问题亟待解决：①引入大量外部数据，管理难度大；②数据类型复杂、质量差，难以发挥数据价值；③数据实时性高，处理难度大；④数据分析过程耗时耗力、成本高（尤其是算法工程师的人力成本）；⑤数据化决策规则复杂、僵化，并难以维护（传统数字化系统的修改调整依赖于技术人员修改内部代码，企业运营人员难以灵活微调）；⑥运营状况缺少实时监控，无法及时作出响应。

9.4.2 数据驱动的企业运营模式

企业商业数据驱动决策体系，是以企业数据化智能决策的问题为研发导向，聚焦于企业内部“决策”金字塔中的底部——企业日常运营决策环节。其核心方法论为通过对实时数据的分析决策，结合机器学习的方式，建构数据驱动的闭环：融合内外数据、挖掘数据价值、做出智能决策、驱动高效运营，实现企业运营管理的自动化、敏捷化和智能化。

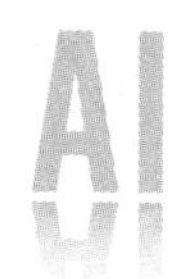

第 10 章
工具介绍：常用的 AI 软件及其功能解析

10.1　高效沟通：常用的 AI 对话软件

10.1.1　ChatGPT 对话软件

ChatGPT 模型是由 OpenAI 开发的大型语言模型，具有强大的自然语言处理能力，可以用于生成文本、回答问题、进行对话等多种任务。

ChatGPT 模型作为对话软件，具有以下主要功能：①自然对话生成。ChatGPT 可以生成自然流畅的对话内容，模拟人类对话风格，让对话更加真实和自然。②智能问答。ChatGPT 可以回答用户提出的问题，包括各种主题的问题，从常识性问题到专业领域的问题都可以应对。③情感分析。ChatGPT 可以识别和理解用户的情感，并做出相应的回应，使对话更加个性化和贴近用户情感。④知识推断。ChatGPT 可以推断信息之间的关联性，从而更好地理解用户的需求和上下文，提供更准确的回答和建议。⑤多轮对话。ChatGPT 可以进行多轮对话，记忆上下文并在对话中保持一致性，使对话更具连贯性和深度。⑥个性化定制。ChatGPT 可以根据用户的偏好和历史对话记录进行个性化定制，提供更符合用户需求的对话体验。⑦多语言支持。ChatGPT 支持多种语言，使其在全球范围内都能提供智能对话服务。

10.1.2　Microsoft XiaoIce（微软小冰）

Microsoft XiaoIce（微软小冰）是由微软开发的一款中文智能对话机器人，采用了强大的人工智能技术，主要功能包括：①自然语言交互。微软小冰可以进行自然语言对话，与用户进行智能交流，理解用户的提问、指令和需求。②情感分析。微软小冰具有情感分析功能，可以识别用户的情感倾向，并作出相应的情感回应，使对话更加贴近用户情感。③个性化对话。微软小冰可以根据用户的喜好、兴趣和对话历史进行个性化定制，提供符合用户需求的个性化对话体验。④知识问答。微软小冰内置了丰富的知识库，可以回答用户的各种问题，涵盖了多个领域的知识和信息。⑤娱乐功能。微软小冰可以提供各种娱乐功能，包括讲笑话、唱歌、讲故事等，为用户带来乐趣和娱乐体验。⑥智能推荐。微软小冰可以根据用户的需求和偏好，提供个性化的推荐内容，包括新闻、音乐、电影等。⑦跨平台支持。微软小冰可以在多种平台上运行，包括手机、电脑、智能音箱等，用户可以随时随地与微软小冰进行对话交流。

10.1.3 Siri（苹果）对话软件

Siri 是由苹果公司开发的智能个人助理软件，内置于苹果的 iOS 设备中，具有一系列强大的对话功能，主要包括以下方面：①语音识别和语音交互。Siri 支持语音识别，用户可以通过语音指令与 Siri 进行交互，询问问题、给出指示或派发任务。②日程管理。Siri 可以帮助用户管理日程安排，包括设置提醒、创建日历事件、查看日程安排等。③信息查询。Siri 可以回答用户提出的各种问题，包括天气、股票、体育比赛、地理位置等方面。④发送消息和电话。用户可以通过语音指令让 Siri 帮助发送短信、邮件，或者拨打电话。⑤控制设备。Siri 可以与 HomeKit 智能家居设备配合，帮助用户控制家庭设备，如调节灯光、温度等。⑥音乐播放。用户可以让 Siri 帮助播放音乐、创建播放列表，甚至根据用户的喜好推荐音乐。⑦语言翻译。Siri 支持语言翻译功能，可以帮助用户进行简单的语言翻译和交流。⑧智能推荐。Siri 可以根据用户的习惯和偏好提供智能推荐，如推荐餐厅、电影、音乐等。

总的来说，Siri 作为苹果公司的智能个人助理，具有强大的功能和智能交互能力，可以帮助用户处理各种任务、获取信息并提供个性化的服务。通过语音交互，Siri 为用户提供了便捷、智能的对话体验，成为许多苹果用户日常生活中的重要助手。

10.1.4 文心一言（百度）

文心一言是一款基于人工智能技术开发的智能对话软件，主要功能包括：

①智能对话生成。文心一言可以生成各种类型的对话内容，包括问答、对话段落、情景对话等，具有自然流畅的文本生成能力。②情感分析。文心一言可以识别和理解用户输入的情感内容，对情感进行分析并生成相应的情感回应。③语言风格模仿。文心一言可以模仿不同的语言风格，如正式、幽默、搞怪等，根据用户需求生成相应风格的对话内容。④智能推荐。文心一言可以根据用户的输入内容和需求，提供智能推荐的对话内容，帮助用户生成更加丰富和有趣的对话。⑤多样化对话主题。文心一言支持多种对话主题，涵盖了生活、娱乐、学习、工作等各个领域，用户可以根据需求选择不同的对话主题进行交流。⑥个性化定制。文心一言可以根据用户的喜好和历史对话记录进行个性化定制，提供符合用户口味的对话内容。⑦多语言支持。文心一言支持多种语言，可以为全球用户提供智能对话服务。

10.2 创意绘制：4 款实用的 AI 绘画工具

10.2.1 Canva

Canva 是一款流行的在线图形设计平台，它允许用户创建各种视觉内容，如社交媒体图像、海报、邀请函、演示文稿等。

Canva 的主要功能包括：①用户友好的界面。Canva 拥有一个直观的拖放界面，使得设计变得简单，即使是没有设计经验的用户也能轻松上手。②丰富的模板库。提供各种各样的设计模板，包括社交媒体帖子、横幅、名片、简历等，用户可以根据自己的需求选择合适的模板。③定制设计元素。用户可以添加和编辑文本、图片、图形、图标和其他设计元素，以创建个性化的设计。④团队协作。Canva 支持团队协作，团队成员可以共同编辑同一个设计项目。⑤品牌定制。用户可以上传自己的品牌元素，如标志、色彩方案和字体等，以确保设计的一致性。⑥版权图片库。Canva 提供了大量的版权图片和图形，用户可以选择使用。⑦打印服务。设计完成后，Canva 还提供打印服务，用户可以直接将设计作品打印出来。⑧响应式设计。Canva 支持创建响应式设计，确保设计在不同的设备和屏幕尺寸上都能很好地展示。⑨社交媒体发布。用户可以直接在 Canva 上将设计作品发布到社交媒体平台。

Canva 是一个用户友好的在线设计平台，以下是 Canva 的基本使用流程：①注册账号。访问 Canva 官网，选择使用电子邮箱或通过 Google、Facebook 等社交账号注册。②登录 Canva。使用注册的账号信息登录。③选择设计项目。Canva 提供了多种设计模板，包括社交媒体帖子、海报等，选择一个需要的设计类型开始你的项目。④选择模板。Canva 拥有大量的免费和付费模板库，可以根据自己的设计需求挑选合适的模板。⑤自定义设计。通过拖放界面，可以轻松更改模板中的文本、图片、图形、图标等元素，可以调整颜色、字体、大小和布局，以适应自己的设计需求。⑥上传自己的元素。如果需要，可以将自己的图片、图形或标志上传到设计中。⑦团队协作。Canva 支持团队协作，可以邀请团队成员共同编辑同一个设计。⑧品牌定制。如果有品牌元素，如特定的颜色方案或字体，可以在设计中应用它们。⑨下载或分享。完成设计后，可以下载图片到本地，或者直接分享到社交媒体。

Canva 是一个多功能的设计工具，适合各种设计需求，从个人项目到专业设计工作都能满足。Canva 的设计流程非常直观，适合从初学者到专业人士的不同设计用户。通过 Canva，用户可以快速创建出专业级别的视觉设计作品。Canva 提供免费版本，用户可以创建和下载基本设计。同时，Canva 还有付费版本，可以提供更多高级功能和资源。

10.2.2 Midjourney

Midjourney 是一款基于人工智能技术的绘画软件，它利用深度学习算法帮助用户创作具有个性化风格的绘画作品。

Midjourney 的功能与特点如下：①多种生成方式。Midjourney 支持文字生成图片、图片生成图片和混合图片生成图片，适用于专业画家和绘画爱好者。② Discord 平台。Midjourney 搭建在 Discord 平台上，用户需要通过 Discord 账号来使用 Midjourney 的功能。③ Prompt 咒语。在 Midjourney 中，用户通过输入称为“Prompt”的文字描述来生成图像，这些描述可以非常详细，以指导 AI 生成特定的艺术作品。④参数调整。Midjourney 提供了多种参数，允许用户调整生成图像的风格、尺寸、分辨率等。⑤社区互动。Midjourney 拥有活跃的社区，用户可以在 Discord 服务器中分享作品、交流

经验。⑥订阅服务。Midjourney 提供免费账户，但有一定限制，例如，在生成一定数量的图片后需要购买会员。⑦艺术风格。用户可以选择不同的艺术风格进行创作，如安迪·华荷、达·芬奇、达利和毕加索等。⑧操作简便。Midjourney 的操作相对简单，适合 AI 绘画新手和专业人士使用。

Midjourney 的使用流程如下：①注册 Discord 账号。由于 Midjourney 是基于 Discord 平台的，用户首先需要注册一个 Discord 账号。②加入 Midjourney 社区。这是使用 Midjourney 绘画功能的前提。③输入 Prompt。在 Discord 的特定频道中输入 /imagine 指令后，输入描述性的 Prompt 来生成图像。④调整和生成图像。使用提供的参数和指令调整生成的图像，并进行保存。⑤订阅会员。如果需要更多功能和更多的绘图次数，可以选择订阅 Midjourney 的不同会员服务。

Midjourney 的应用案例如下：①艺术创作。Midjourney 可以用于生成具有艺术感的绘画作品，如插画、漫画等。②设计辅助。设计师可以利用 Midjourney 快速生成设计灵感图或初步设计方案。③学习资源，官方教程。Midjourney 官方网站和社区提供了丰富的教程和指南，帮助用户从基础到进阶掌握使用技巧。顺便说一下，Midjourney 的操作和 Prompt 描述词使用英文，暂不支持中文操作。

10.2.3　Adobe Photoshop

Adobe Photoshop 是一款由 Adobe 公司开发的绘画和图像处理软件，广泛应用于平面设计、广告摄影、影像创意、网页制作、后期修饰、视觉创意和界面设计等领域。

Adobe 公司的核心产品之一是 Photoshop，该产品的历史可以追溯到 20 世纪 80 年代末。在 Adobe 的产品线中，Photoshop CS（Creative Suite）系列是一个重要分支，其中 Photoshop CS2 可以被视为 Photoshop V8.0 的后续版本。这是因为从 Photoshop V8.0 开始，Adobe 将 Photoshop 整合到了 Adobe Creative Suite 套件中。目前，Photoshop 已经发展到了更高的版本，每个版本都会有一些新的功能和优化。Photoshop 的操作界面主要由标题栏、工具箱、菜单栏、属性栏和选项面板等组成。其中工具箱中包含各种工具，如移动工具、魔棒工具、钢笔工具等，这些工具可以帮助用户完成各种复杂的编辑任务。

Photoshop 的功能如下：①图像编辑。Photoshop 可以对图像进行各种变换，如放大、缩小、旋转、倾斜、镜像、透视等，还可以复制、去除斑点、修补、修饰图像的残损等。②图像合成。通过图层操作、工具应用等，可以将几幅图像合成完整的、能传达明确意义的图像。③校色调色。可以方便、快捷地对图像的颜色进行明暗、色偏的调整和校正。④特效制作。Photoshop 提供了丰富的滤镜和效果，如像素化、扭曲、杂色、模糊、渲染、画笔描边、素描、纹理、艺术效果、锐化、风格化等，可以创建出各种独特的视觉效果。

Photoshop 的特点与优势如下：①内容感知填充。Photoshop 可以删除任何图像细节或对象，并通过分析周围图像内容来智能填充剩余部分。② HDR 成像。Photoshop 可以借助前所未有的速度、控制和准确性，创建现实或超现实的 HDR 图像。③原始图像处理。使用 Adobe Photoshop Camera Raw 增效工具，可以无损消除图像噪声，保留颜色和细节。④绘画效果。借助混色器刷和刷尖，可以轻松将照片转化为绘画或产生独特的艺术效果。⑤阴影效果。在图层样式中选择“阴影”，可以为图像添加真实的阴影效果，增加立体感。⑥渐变覆盖。使用渐变覆盖图层样式，可以为图像添加华丽的渐变效果，使其更加有吸引力。⑦快速选择工具。通过拖动鼠标，可以自动检测并选择相似颜色和纹理的区域，快速选取目标。⑧图像调整。它包括调整图像亮度 / 对比度、调整曲线、调整色彩平衡等，可以对图像的明暗和颜色进行精确调整。⑨修复画笔工具。通过选择适当的修复画笔尺寸和样式，可以轻松去除图像中的瑕疵和杂点。

Adobe Photoshop 是一款功能强大、操作灵活的绘画和图像处理软件，无论是专业设计师还是业余爱好者，都可以利用它创作出各种令人惊叹的视觉效果。

10.2.4 Krita

Krita 是一款自由开源的免费绘画软件，主要针对手绘用途，内建了多种可定制的笔刷系统，适用于绘制概念美术设计、材质、电影街景、插画和漫画等。

Krita 能够绘制位图图像、矢量图形和制作动画，并且具备完整的色彩管理功能。它的界面交互设计面向起草、勾线、上色、后期调整等绘画流程，无须切换工具，仅靠修饰键或右键工具板即可进行常用的拾色、缩放、旋转、切换笔刷、改变笔刷参数等操作。Krita 的工具栏、面板、滑动条、快捷键等支持自定义，用户可以根据自己的需要进行调整。

此外，Krita 支持多种图层样式，如滤镜、分离、遮罩和精细控制等，同时也支持带有动画片段的图层。它采用非破坏性图像编辑功能，使得艺术家能够在处理图层时不会影响原始图像的质量。Krita 还支持 Photoshop 图像处理软件中常见的 PSD 文件格式，同时支持多个其他主流文件格式。

Krita 在多个操作系统上都有支持，包括 Windows、Linux、macOS 和 Android。其中，Windows 版在 4.4.3 后不再支持 32 位系统，Android 版本分别提供了支持 ARM 和 Intel CPU 的两种 APK 安装包，目前为测试阶段，已支持中文。

10.3　视频制作：3 款 AI 视频编辑工具

10.3.1　剪映（CapCut）

剪映是一款功能强大的视频编辑软件，其 AI 视频编辑功能可以大大简化编辑过程，提高编辑效率。

剪映的 AI 视频编辑流程如下：①打开剪映，在主界面上选择“新建项目”或点击“+”按钮来导入想要编辑的视频——从手机相册、云存储或其他来源导入视频；②使用 AI 创作功能，在导入视频后，你会看到剪映的各种编辑选项。找到并点击“AI 创作”选项，呈现如智能剪辑、智能字幕、智能配乐等一系列 AI 功能。③智能剪辑。在底部的工具栏或顶部的菜单栏中，找到“智能剪辑”或类似的选项。这个选项可能会被标记为“一键剪辑”　“自动剪辑”等，具体名称可能会因剪映版本的不同而有所变化。选择“智能剪辑”功能，剪映将自动分析视频，包括视频内容、场景、动作、音频等元素来智能剪辑视频，可以预览自动剪辑的结果，并根据需要进行微调或调整剪辑点。④智能字幕。选择“智能字幕”功能，剪映将自动识别视频中的语音内容，并生成相应的字幕。此外，可以调整字幕的样式、字体、大小和位置等参数，以确保字幕与视频内容相匹配。⑤智能配乐。选择“智能配乐”功能，剪映将根据你的视频内容和情感氛围来推荐合适的背景音乐。⑥剪映还可以提供其他 AI 功能，如智能滤镜、智能色彩调整等，可以根据需要使用这些功能来增强视频效果。⑦导出和分享。在完成所有编辑后，点击“导出”或“分享”按钮来保存视频。你可以选择不同的分辨率和格式来导出视频，并分享到社交媒体或其他平台。

需要注意的是，在使用 AI 功能时，请确保你的视频内容清晰、音质良好，以便 AI 算法能够更准确地识别和分析。

10.3.2 闪剪

闪剪是一款 AI 驱动的视频编辑工具，它通过提供自动化和智能化的功能，帮助用户快速制作出专业级别的视频内容，尤其适合电商运营者、广告营销专业人士、内容创作者等。

闪剪的主要功能如下：①热点构思。利用闪剪的 AI 写作功能，根据当前热点快速生成视频文案。②数字人定制。选择或定制一个数字人形象，使其更符合视频主题和品牌形象。③声音克隆。如果需要特定人物的声音，可以使用克隆声音功能，增加视频的吸引力。④智能成片。利用智能成片功能，快速将文案、数字人和视频素材结合，生成初步视频。⑤自由创作。在智能成片的基础上，进行个性化的调整和优化，如添加特定的转场效果、调整背景音乐等。⑥直播快剪。在直播结束后，使用直播快剪功能快速提取精彩片段，制作成精彩回顾视频。⑦学习和模仿。参考闪剪提供的案例和其他用户的作品，学习他们的编辑技巧和创意表达。⑧多平台分享。制作完成的视频可以通过闪剪直接分享到多个社交媒体平台，增加视频的曝光率。

利用上述功能，用户可以利用闪剪快速制作出高质量的视频内容，无论是产品宣传、品牌推广还是个人内容创作，都能得到有效的支持。

10.3.3 InVideo

InVideo 是一个全面的基于云的视频编辑平台，旨在简化和增强视频创作

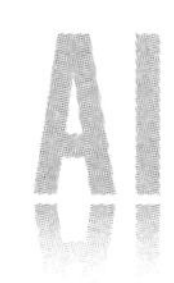

过程。该平台在数字内容制作中脱颖而出，拥有超过 5000 个模板，以及先进的 AI 辅助脚本生成和画外音功能。在使用 InVideo 制作视频时，用户首先需要注册一个账号，创建新的视频项目，输入视频主题或标题，然后调整和编辑自动生成的脚本。在“配音”模块中，用户选择性别和口音，平台将使用人工智能自动合成自然人声朗读脚本。最后，用户可以选择受众、外观和平台，然后输出和发布视频。此外，InVideo 还结合了 AI 技术，可以根据文字描述自动匹配相关视频素材，并快速生成完整的视频。它还提供了智能剪辑、转场效果和音效库等功能，让用户可以轻松制作出专业级的视频内容。

InVideo 平台的特点与功能如下：①模板库。InVideo 的模板库包含超过 5000 个高质量、多样化的模板，这些模板涵盖了从社交媒体视频到商业广告、从教育演示到个人纪念视频等各种类型，用户可以根据需要选择模板，然后根据自己的品牌或内容需求进行定制。② AI 脚本生成。用户只需输入文字描述或关键词，InVideo 的 AI 技术就能自动生成与主题相关的脚本，大大提高了创作效率。③自动画外音。基于 AI 技术，InVideo 可以自动将脚本转化为自然流畅的画外音，用户还可以选择不同的语言风格和口音。④用户界面。InVideo 的用户界面设计得非常直观和友好。通过简单的拖放、裁剪和调整，用户就可以轻松地编辑视频内容，基于文本命令的界面使得视频编辑过程更加简单，即使是没有视频编辑经验的用户也能快速上手。⑤不同社交媒体平台内容优化。InVideo 允许用户为不同的社交媒体平台（如 Facebook、Instagram、Twitter 等）创建优化内容。用户可以选择不同的分辨率、格式和输出尺寸，以满足不同平台的要求。⑥幻灯片制作。除了视频编辑外，InVideo 还提供了高效的幻灯片制作功能。用户可以使用平台提供的模板和工具，快速创建出专业级的幻灯片演示文稿。⑦音乐、图像和视频库。InVideo 内置了丰富的音乐、图像和视频库，用户可以从中选择并使用各种专业素材，以提升视频的视觉和听觉效果。⑧高度自定义。InVideo 允许用户对视频中的每个元素进行高度自定义，包括颜色、字体、布局等。这使得用户能够根据自己的品牌或内容需求，打造出独一无二的视频作品。⑨跨平台兼容性。InVideo 构建在现代 Web 技术之上，可以在多种浏览器和设备上运行，无论是电脑、平板还是手机，用户都可以随时随地使用 InVideo 进行视频编辑。

10.4 有效指令：如何区分 AI 指令的有效性和无效性

10.4.1 有效指令的本质

有效指令（提示词）的本质作为人机交互指的是方式，是使 AI 能够以更人性化、智能化的方式服务于人类的工具。通过精心设计的提示，我们不仅可以提高 AI 的工作效率和准确度，还可以推动 AI 技术的进步，实现更加深入和富有成效的人机合作。在这个过程中，我们的思维方式和沟通技能也能得到提升，这是一个双赢的过程。

指令（提示词），或称为提示（Prompt），在与 AI 交互的过程中扮演着极其关键的角色。它们不仅仅是命令或查询，更是一种沟通机制，用于指导 AI 理解我们的需求和意图。提示词的设计和使用，会直接影响 AI 输出的相关性和精确度，进而决定了 AI 工具在实际应用中的有效性和实用性，见图 10-1。

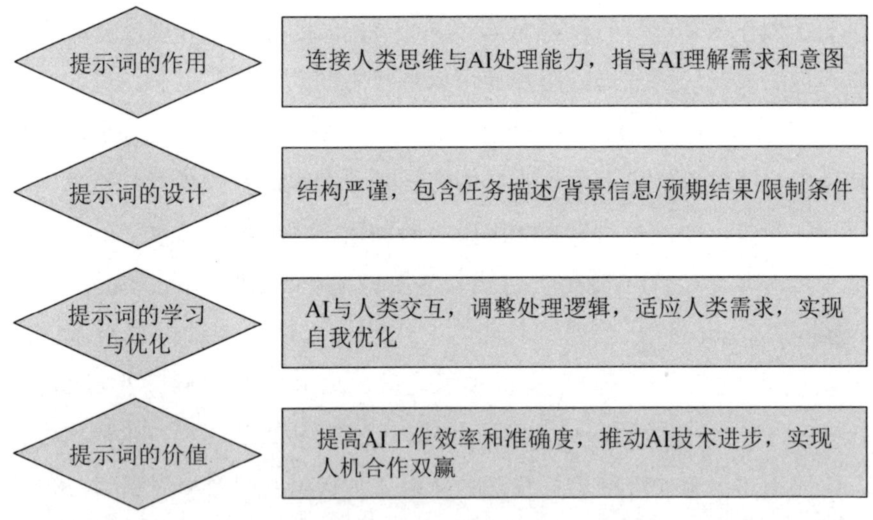

图 10-1　提示词特征

本质上，提示词是一个桥梁，连接人类的思维与 AI 的处理能力。它们使得 AI 能够“理解”我们的问题或任务，并据此提供答案或执行任务。这种理解并非真正的认知理解，而是通过算法解析提示词中的关键词和上下文信息，将其转换成计算机可以处理的形式。

从更深层次来看，提示词的设计反映了一种交互哲学，即如何高效、准

确地与非人类智能体沟通。它要求我们以一种结构化、清晰且内容丰富的方式表达自己的需求，这本身就是一种技能。有效的提示不仅包含了明确的任务描述，还包括了足够的背景信息、预期的结果形式和任何必要的限制条件，这样 AI 才能在正确的方向上进行工作。

此外，提示词的本质还体现在其能够引导 AI 进行学习和自我优化。通过与人类的交互，AI 可以不断调整其处理逻辑，以更好地适应人类的需求。这种适应性是 AI 系统不断进化的动力，也是它们能够在多变的应用场景中发挥作用的关键。

10.4.2　AI 指令有效性的主要特征

有效指令具有以下特征：①明确性。指令应该清晰、具体，避免模糊或歧义。例如，使用“请帮我查找关于人工智能的最新研究成果”而不是“告诉我一些关于 AI 的信息”。②简洁性。指令应该尽量简短，避免冗长和复杂的句子。简洁的指令有助于 AI 更快地理解并执行。③逻辑性。如果指令包含多个步骤或要求，它们应该按照逻辑顺序排列，以便 AI 能够按顺序执行。④具体性。提供尽可能多的细节，如日期、时间、地点、人名等，这有助于 AI 更精确地完成任务。⑤避免主观性。尽量使用客观、可衡量的语言来描述指令，避免使用主观或含糊不清的词汇。⑥尊重性。使用礼貌和尊重的语言与 AI 交流，这有助于建立友好的人机关系。

此外，为了更好地发挥人工智能的作用，我们要把 AI 当学生看待，做到以下几点：①了解 AI 的功能和限制。在使用 AI 之前，了解 AI 能做什么和不能做什么，以便提出适合 AI 的指令。②逐步引导。对于复杂的任务，可以逐步引导 AI，首先给出总体要求，然后逐步细化每个步骤。③提供反馈。当 AI 未能正确执行指令时，请提供清晰的反馈，以便 AI 能够调整并改进。④持续学习。随着技术的进步，AI 也在不断学习和更新，请保持耐心，并尝试使用最新的指令和术语与其交流。

10.4.3　案例分析：AI 指令的有效与无效

下面，我们分别展示有效与无效的 AI 指令的具体案例，便于用户能够提

供明确、简洁、逻辑性强、具体且具有尊重性的指令给人工智能，从而获得满意的答案。

例 1：搜索信息。无效指令：“给我找些东西。”有效指令：“请帮我搜索关于人工智能的最新研究论文。”解释：有效指令具体地指明了要搜索的内容（人工智能的最新研究论文），比无效指令更加明确和具体。

例 2：设定日程。无效指令：“我明天要做什么？”有效指令：“请在我的日程中设定一个会议，时间为明天上午 10 点，主题是产品讨论会。”解释：有效指令提供了具体的时间、主题等信息，使得 AI 能够准确地设定日程。

例 3：导航路线。无效指令：“我怎样去公司？”有效指令：“请为我规划一条从家到公司的驾车路线。”解释：有效指令提供了起始点（家里）和目的地（公司），以及交通方式（驾车），使得 AI 能够给出更准确的导航路线。

例 4：文本转换。无效指令：“把这段话变成英文。”有效指令：“请将以下句子翻译成英文：‘我很高兴今天能见到你。’”解释：有效指令提供了需要翻译的具体句子，使得 AI 能够更准确地完成翻译任务。

例 5：购物清单。无效指令：“我需要买些东西。”有效指令：“请在我的购物清单中添加苹果、香蕉和一瓶牛奶。”解释：有效指令列出了需要购买的具体物品（苹果、香蕉和牛奶），使得 AI 能够准确地将其添加到购物清单中。

10.5 结果优化：当 AI 答案不满足需求时的调整策略

我们知道，AI 的能力并非线性的，而是呈现出一种锯齿形的特征——在某些领域，AI 的能力远超人类，而在其他领域，则可能不如人类。因此，我们需要不断地探索 AI 的边界，理解它在何时何地能够发挥最大的效用。然而，引导模型生成特定类型或风格的文本一直是个挑战，当 AI 给出的答案无法满足需求时，建议遵循以下调整策略。

10.5.1 角色赋予

如果我们简单地让 AI 写一篇《悯农》读后感，生成内容相对比较简单，见图 10-2。

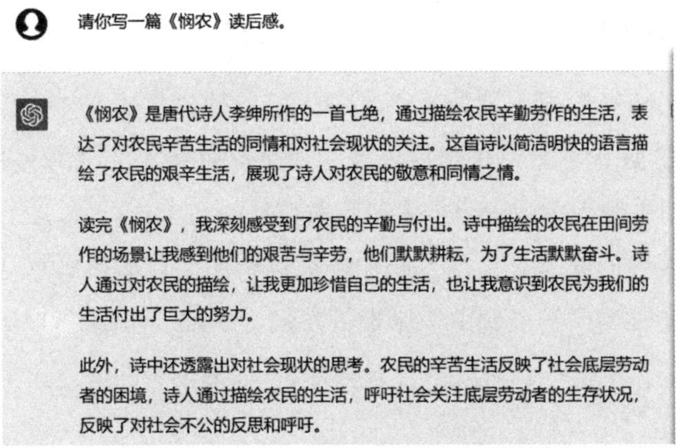

请你写一篇《悯农》读后感。

《悯农》是唐代诗人李绅所作的一首七绝，通过描绘农民辛勤劳作的生活，表达了对农民辛苦生活的同情和对社会现状的关注。这首诗以简洁明快的语言描绘了农民的艰辛生活，展现了诗人对农民的敬意和同情之情。

读完《悯农》，我深刻感受到了农民的辛勤与付出。诗中描绘的农民在田间劳作的场景让我感到他们的艰苦与辛劳，他们默默耕耘，为了生活默默奋斗。诗人通过对农民的描绘，让我更加珍惜自己的生活，也让我意识到农民为我们的生活付出了巨大的努力。

此外，诗中还透露出对社会现状的思考。农民的辛苦生活反映了社会底层劳动者的困境，诗人通过描绘农民的生活，呼吁社会关注底层劳动者的生存状况，反映了对社会不公的反思和呼吁。

图 10-2　简单版 AI 生成结果

这是一个官方而笼统的回答，你不能说 AI 写错了，但总觉得有些内容写得不到位，没有突出读后感的“感想”。如果一个人写出这样的答案，你可能会怀疑他是否真的看明白了这首诗的内容。

现在你赋予 AI 一个农民身份，重新设定对话内容，见图 10-3。

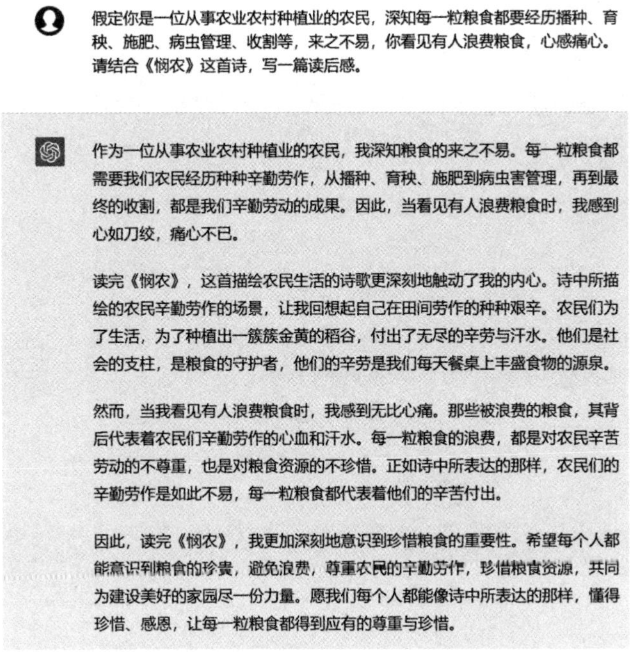

假定你是一位从事农业农村种植业的农民，深知每一粒粮食都要经历播种、育秧、施肥、病虫管理、收割等，来之不易，你看见有人浪费粮食，心感痛心。请结合《悯农》这首诗，写一篇读后感。

作为一位从事农业农村种植业的农民，我深知粮食的来之不易。每一粒粮食都需要我们农民经历种种辛勤劳作，从播种、育秧、施肥到病虫害管理，再到最终的收割，都是我们辛勤劳动的成果。因此，当看见有人浪费粮食时，我感到心如刀绞，痛心不已。

读完《悯农》，这首描绘农民生活的诗歌更深刻地触动了我的内心。诗中所描绘的农民辛勤劳作的场景，让我回想起自己在田间劳作的种种艰辛。农民们为了生活，为了种植出一簇簇金黄的稻谷，付出了无尽的辛劳与汗水。他们是社会的支柱，是粮食的守护者，他们的辛劳是我们每天餐桌上丰盛食物的源泉。

然而，当我看见有人浪费粮食时，我感到无比心痛。那些被浪费的粮食，其背后代表着农民们辛勤劳作的心血和汗水。每一粒粮食的浪费，都是对农民辛苦劳动的不尊重，也是对粮食资源的不珍惜。正如诗中所表达的那样，农民们的辛勤劳作是如此不易，每一粒粮食都代表着他们的辛苦付出。

因此，读完《悯农》，我更加深刻地意识到珍惜粮食的重要性。希望每个人都能意识到粮食的珍贵，避免浪费，尊重农民的辛勤劳作，珍惜粮食资源，共同为建设美好的家园尽一份力量。愿我们每个人都能像诗中所表达的那样，懂得珍惜、感恩，让每一粒粮食都得到应有的尊重与珍惜。

图 10-3　赋予新身份后的 AI 生成结果

从图 10-3 可以看出，后者得到的文案要丰富得多，几乎可以不用修改。

10.5.2 细化指令

ChatGPT 能够根据不同的上下文中生成各种各样的文本，但是它需要得到清晰明确的指令才能完成这项任务。如果没有特定的任务可用，ChatGPT 可能会生成与主题无关或者包含大量无关信息的文本。

诚然，人性的底层是惰性，我们都尝试希望用最简单的描述去获得想要的结果，但此时如果只是顺着大脑惯性发问，例如："请给出以下步骤的正确顺序：穿袜子、穿鞋子、剪趾甲、系鞋带。"答案会非常奇怪，见图 10-4。

请给出以下步骤的正确顺序：穿袜子、穿鞋子、剪趾甲、系鞋带
正确的顺序应该是：
1. 穿袜子
2. 穿鞋子
3. 剪趾甲
4. 系鞋带

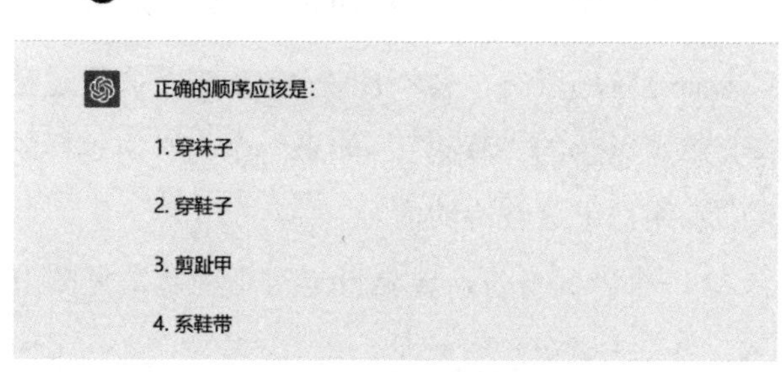

图 10-4　AI 生成的奇怪排序

为了回答这个逻辑问题，我们需要根据日常的生活习惯和逻辑顺序来分析这些步骤的合理发生顺序。这里分享一种细化指令的技巧，可以在指令中表达："让我们一步一步地思考直到获得正确答案。"见图 10-5。

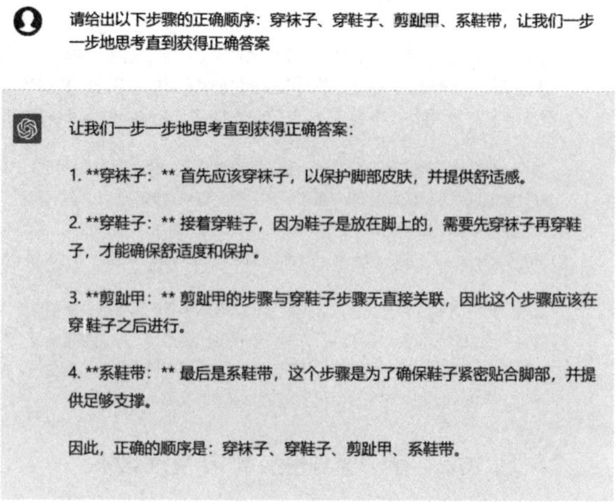

请给出以下步骤的正确顺序：穿袜子、穿鞋子、剪趾甲、系鞋带，让我们一步一步地思考直到获得正确答案
让我们一步一步地思考直到获得正确答案：
1. **穿袜子：** 首先应该穿袜子，以保护脚部皮肤，并提供舒适感。
2. **穿鞋子：** 接着穿鞋子，因为鞋子是放在脚上的，需要先穿袜子再穿鞋子，才能确保舒适度和保护。
3. **剪趾甲：** 剪趾甲的步骤与穿鞋子步骤无直接关联，因此这个步骤应该在穿鞋子之后进行。
4. **系鞋带：** 最后是系鞋带，这个步骤是为了确保鞋子紧密贴合脚部，并提供足够支撑。
因此，正确的顺序是：穿袜子、穿鞋子、剪趾甲、系鞋带。

图 10-5　细化指令后 AI 生成的排序

通过对话分析，AI 认为剪趾甲的步骤与穿鞋子步骤无直接关联，因此这个步骤应该在穿鞋子之后进行。但是，如果你告诉 AI“剪趾甲”的具体含义后，再重复以上指令，结果又会不一样，见图 10-6。

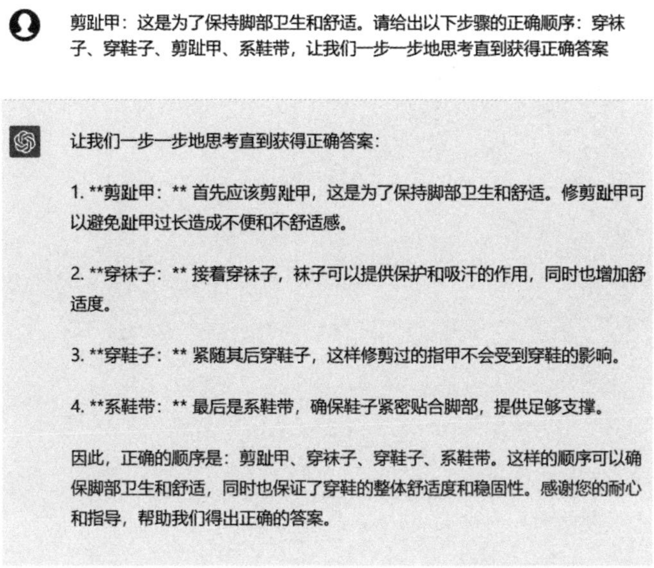

剪趾甲：这是为了保持脚部卫生和舒适。请给出以下步骤的正确顺序：穿袜子、穿鞋子、剪趾甲、系鞋带，让我们一步一步地思考直到获得正确答案

让我们一步一步地思考直到获得正确答案：

1. **剪趾甲：** 首先应该剪趾甲，这是为了保持脚部卫生和舒适。修剪趾甲可以避免趾甲过长造成不便和不舒适感。

2. **穿袜子：** 接着穿袜子，袜子可以提供保护和吸汗的作用，同时也增加舒适度。

3. **穿鞋子：** 紧随其后穿鞋子，这样修剪过的指甲不会受到穿鞋的影响。

4. **系鞋带：** 最后是系鞋带，确保鞋子紧密贴合脚部，提供足够支撑。

因此，正确的顺序是：剪趾甲、穿袜子、穿鞋子、系鞋带。这样的顺序可以确保脚部卫生和舒适，同时也保证了穿鞋的整体舒适度和稳固性。感谢您的耐心和指导，帮助我们得出正确的答案。

图 10-6　继续细化指令后 AI 重新生成的排序

因此，当我们向模型提出一个逻辑推理问题，模型返回了一个错误的答案时，我们可以在问题中加入相应的解释文字，细化指令，模型就能生成正确的答案了。

第5篇

未来展望

第 11 章 AI 商业应用的发展趋势与影响

11.1 AI 商业应用的未来发展方向预测

AI 作为下一代信息技术革命的代表，虽然在国内尚未出现现象级的 AI 产品，但在国外却取得了巨大成功。ChatGPT 以惊人的速度吸引了 1.8 亿用户，AI 绘图软件 Midjourney 也获得了超过 1500 万用户和数亿美元的营收。微软的 GitHub 编程助手 Copilot 在短短几个月内已有超过百万付费用户，其中包括 37000 个组织订阅。此外，许多小型 App 声称获得了数百万美元的订阅收入。

在硅谷和华尔街，AI 已经成为热门话题。如 AI 芯片领域，在英伟达和微软等公司的引领下，美股持续创下新高。可以毫不夸张地说，如果没有 AI 技术的支持，美国可能已经陷入经济衰退；而有了 AI，美国正走在一条新一轮经济繁荣的道路上。AI 的发展不仅改变了商业模式和用户体验，也推动了全球经济的增长，为未来的科技创新和社会发展打下了坚实基础。

有观点认为，中国和美国之间的人工智能发展差距逐渐扩大。由于对英伟达 GPU 的禁令，英伟达的 GPU 成为全球最抢手的商品之一，甚至有人不恰当地将 GPU 比作超越毒品的新一代高利润走私品。

类似于争夺土地、石油和黄金的战争，人工智能算力和算法已成为大国之间新的竞赛领域，也成为企业家和创业者的必争之地。这种竞争不仅影响了国家实力和战略地位，也直接影响了企业的竞争力和创新能力。在这个新的战场上，谁能够获得并掌握先进的人工智能技术，谁就能在未来的科技领域中立于不败之地，引领行业发展的潮流。

结合 AI 技术快速迭代趋势，AI 商业应用的未来发展方向，预计将在以下领域取得重要进展。

①个性化定制服务。AI 技术可以帮助企业更好地了解客户需求，实现个性化定制的产品和服务。通过分析大数据和用户行为模式，企业可以为每位客户提供定制化的体验，提高客户满意度和忠诚度。

②智能自动化。AI 技术将在各行各业推动智能自动化的发展，提高生产效率、降低生产成本。自动化生产线、智能物流系统、智能客服等将成为常见的应用场景，帮助企业提升竞争力。

③智能决策支持。AI 可以为企业提供智能决策支持，帮助管理层更准确地预测市场趋势、制定战略规划、优化资源配置等。智能决策系统将成为管理者重要的工具，帮助他们做出更明智的决策。

④人机协作。未来的 AI 商业应用将强调人机协作，AI 系统将与人类员工共同工作，达到优势互补。这种合作模式将提高工作效率、创造力和创新能力，推动企业持续发展。

⑤跨界整合。AI 技术将会与其他新兴技术如物联网、区块链、大数据等相结合，实现跨界整合应用。这种综合运用将为企业带来更多创新机会和商业模式，推动产业升级和转型。

⑥提升客户体验。未来，企业将更加注重利用 AI 技术提升客户体验。个性化推荐、智能客服、情感分析等技术将得到广泛应用，以提高客户满意度和忠诚度。

⑦智能供应链管理。AI 将在供应链管理中发挥越来越重要的作用，帮助企业实现供需匹配、库存优化、预测性维护等，提高运营效率和降低成本。

⑧ AI 驱动的创新。AI 技术将促进企业创新，推动新产品开发和商业模式的革新。通过 AI 技术，企业可以更快地响应市场变化，满足用户需求。

⑨可持续发展。AI 技术将被应用于推动企业的可持续发展，智能能源管理、环境监测、绿色生产等方面将成为未来的热点领域。

这些趋势将为企业家、政府官员、商业实践机构和从业人员提供重要的参考价值。在未来的商业竞争中，抓住 AI 技术的机遇，不断创新和适应变化将是企业成功的关键。通过合理应用 AI 技术，企业可以实现更高效的运营、更优质的服务，从而赢得市场竞争中的先机。

11.2 AI 商业应用在新兴领域的前景

根据目前的发展趋势，AI 商业应用在新兴领域的发展前景是十分广泛的，具体的新兴领域及其 AI 应用前景包含如下几大方面。

①智能制造。随着工业 4.0 和智能制造的兴起，AI 在制造业中的应用日益增多。AI 可以通过自动化和优化生产过程来提高效率、降低成本，并通过智能质量控制和预测性维护来确保产品的品质。AI 驱动的机器人、自适应生产系统、预测分析等都是该领域的核心应用。

②金融科技。AI 在金融领域的应用包括风险管理、信用评分、投资决策、欺诈检测等方面。通过机器学习和数据分析技术，AI 能够更准确地评估风险和回报，提供个性化的金融服务，并提升金融系统的效率和安全性。

③智慧医疗。AI 在医疗领域的应用包括疾病诊断、治疗方案推荐、药物研发等方面。通过深度学习和自然语言处理技术，AI 能够分析医学图像、病历数据等信息，辅助医生进行疾病诊断和治疗方案的制定。同时，AI 还可以加速药物研发过程，提高研发效率和质量。

④智慧交通。AI 在交通领域的应用包括交通流量预测、智能调度、自动驾驶等方面。通过大数据分析和机器学习技术，AI 能够实时分析交通数据，优化交通调度方案，提高交通运营效率。此外，AI 还推动了自动驾驶技术的发展，未来有望实现完全自主驾驶，保证道路安全、提升交通运营效率。

⑤智慧零售。AI 在零售领域的应用包括个性化推荐、智能库存管理、智能客服等方面。通过机器学习和数据分析技术，AI 能够分析消费者购买行为和喜好，提供个性化的商品推荐和购物体验。同时，AI 还可以优化库存管理和仓储计划，降低库存成本，并提高销售效率。智能客服则能够 24 小时 ×7 天在线提供服务，快速响应客户需求并解决问题。

⑥自动驾驶与智能交通。AI 在自动驾驶领域的应用已经得到了广泛的关注。AI 技术使得汽车、无人机和船舶等交通工具能够实现智能导航、环境感知、决策和控制等功能。同时，AI 也应用于智能交通管理系统中，通过大数据分析和机器学习算法来优化交通管控系统的效率。

⑦智能家居。AI 在智能家居领域的应用使得居家生活变得更加智能化和

便捷。智能音箱、智能家电、智能安防、智能环境控制等设备可以根据用户的需求和习惯进行自动调节，提高生活品质。

⑧教育培训。AI 在教育培训领域的应用正在改变传统的教学方式。智能教育平台、在线学习、个性化教学等应用可以根据学生的学习情况提供个性化的学习体验和教学服务，提高教育效率。

⑨零售和电商。AI 在零售和电商领域的应用包括商品推荐、个性化营销、智能客服、供应链优化等。通过分析消费者的购物行为和喜好，AI 可以提供更智能、便捷和个性化的购物体验。

⑩医疗健康。AI 在医疗健康领域的应用正在逐步扩大。AI 可以通过机器学习和深度学习等技术，辅助医生进行疾病诊断和分析，提供个性化的治疗方案。同时，AI 还可以帮助优化医疗资源分配和排班管理，提升患者的就医效率。

⑪ 娱乐产业。AI 在娱乐产业的应用也非常广泛。例如，AI 可以生成音乐、绘画、游戏等作品，提供全新的娱乐体验。同时，AI 还可以应用于电影制作、特效渲染等方面，提高制作效率和质量。

⑫ 媒体与广告。AI 在媒体和广告领域的应用包括内容推荐、广告投放优化、用户行为分析等。通过分析大量的用户数据，AI 可以更准确地了解用户的需求和兴趣，提供个性化的内容推荐和广告服务。

可以肯定的是，随着技术的不断进步和应用场景的不断拓展，AI 在其他领域的应用也将不断涌现，进一步造福人类社会。

第 12 章 AI 商业应用对行业与社会的深远影响

随着 AI 商业应用的广泛推广，其必将对社会经济发展和各行各业产生深远影响。

12.1 就业市场发生变革

AI 商业应用将带来就业市场的显著变革。一方面，许多传统岗位，特别是那些重复性高、技能要求较低的工作，可能会受到 AI 自动化的冲击，导致这些岗位减少或消失。另一方面，AI 的发展也催生了大量新的就业机会。这些新岗位包括 AI 技术本身的研究、开发、部署和维护，以及那些需要与 AI 系统进行协作、管理和监督的岗位。因此，对于劳动者而言，持续学习和提升技能以适应新的就业需求，变得至关重要。

12.2 生产效率大幅提升

AI 商业应用将极大地提高各行业的生产效率。通过自动化和优化生产过程，AI 减少了人为错误，提高了生产线的稳定性和可靠性。同时，AI 还能实时收集和分析生产数据，为管理者提供决策支持，帮助企业实现精准管理和资源配置。这都有助于企业降低成本、提高产品质量和竞争力。

12.3 消费者体验感更好

AI 商业应用也为消费者带来了更好的体验。无论是在零售、电商、医疗还是金融等领域，AI 都能通过分析消费者的行为和需求，提供个性化的服务和产品推荐。这不仅提高了消费者的满意度和忠诚度，还为企业带来了更高的收益。

12.4 商业模式不断创新

AI 商业应用还推动了商业模式的创新。例如，基于 AI 的共享经济模式、平台经济模式等正在崛起，这些新模式通过利用 AI 技术实现资源的优化配置和高效利用，为消费者提供了更多元化、便捷的服务。同时，AI 技术也使得企业能够更精准地预测市场需求和消费者行为，为企业决策提供更可靠的依据。

12.5 有效应对社会问题

AI 商业应用还能够帮助人类应对一些社会问题。例如，在医疗领域，AI 技术可以帮助医生更快、更准确地诊断疾病，提高医疗水平和效率；在环保领域，AI 技术可以优化能源利用和排放控制，推动绿色发展和可持续发展；在公共安全领域，AI 技术可以辅助警方进行犯罪预测和防范，提高社会的安全性和稳定性。

总体来说，AI 商业应用对行业和社会的影响是全方位、深刻的。当下时代，我们需要积极了解和掌握 AI 技术，充分利用 AI 的优势，推动社会和行业的持续发展和进步。与此同时，我们也需要积极面对一些挑战和问题，特别是要科学应对 AI 技术的安全性和可靠性，保护用户的隐私和数据安全，避免 AI 技术的滥用和误用，确保 AI 技术的健康发展和促进社会经济的可持续发展，真正造福于人类。

附录 1　AI 相关工具与资源推荐

可大幅提升工作效率的人工智能工具：

1. Jasper AI（用于撰写文案）
2. Lexica Art（用于博客缩略图）
3. Surfer SEO（用于 SEO 内容写作）
4. Browse AI（用于网页抓取）
5. Content at Scale（用于生成 SEO 博客文章）
6. Originality AI（用于 AI 内容检测）
7. Writer.com（用于在线写作）
8. Undetectable AI（用于重写 AI 内容）
9. FullStory（用于数字体验）
10. Zapier（用于自动化任务）
11. PhotoRoom（用于移除图像背景）
12. Chatfuel（用于聊天机器人）
13. Grammarly（用于内容编辑）
14. Albert.AI（用于数字广告）
15. Algolia（用于搜索和推荐 API）
16. Brand24（用于媒体监控）
17. Influencity（用于影响力营销）
18. Reply.io 的 AI 销售电子邮件助手（用于电子邮件回复）
19. AI 助手 (chackAI.cn) 智学 AI 论文写作助手
20. https://tAIchu-web.ia.ac.cn/（可以图生音，以音生图）

附录 2 AI 商业应用术语词汇表

涉及 AI 商业应用时，以下是一些常见的术语词汇：

人工智能（Artificial Intelligence, AI）：这是模拟人类智能的计算机系统或技术的总称，包括学习、推理、感知、理解和适应等能力。

机器学习（Machine Learning）：AI 的一个子领域，专注于开发和使用算法，使计算机系统能够从数据中学习并改进其性能，而无需进行明确的编程。

深度学习（Deep Learning）：机器学习的一个分支，基于人工神经网络（尤其是深度神经网络），能够处理大量的未标记的或半标记的数据，并自动提取和抽象复杂的特征。

神经网络（Neural Network）：一种模拟人脑神经元连接方式的计算模型，由大量的节点（神经元）相互连接而成，用于处理信息并完成学习任务。

监督学习（Supervised Learning）：在机器学习中，使用带有已知标签的数据集来训练模型，使其能够预测新数据的标签。

非监督学习（Unsupervised Learning）：在机器学习中，使用没有标签的数据集来识别数据的内在结构和关系，例如聚类分析。

强化学习（Reinforcement Learning）：一种机器学习技术，其中智能体在与环境的交互中学习，通过尝试和错误的方式最大化累积奖励。

自然语言处理（Natural Language Processing, NLP）：使计算机能够理解和解释人类语言的技术，包括文本分析、文本生成、机器翻译等。

计算机视觉（Computer Vision）：使计算机能够理解和解释图像和视频的技术，包括图像识别、目标检测、图像分割等。

智能推荐系统（Intelligent Recommendation System）：基于用户的行为、偏好和历史数据，为用户推荐可能感兴趣的内容、产品或服务的系统。

预测分析（Predictive Analytics）：使用统计模型、机器学习算法和其他技术来预测未来事件或行为的方法。

情感分析（Sentiment Analysis）：对文本中的情感、观点或态度进行自动分类的过程。

自动化（Automation）：使用技术和软件自动执行重复性任务或过程，提高效率和准确性。

个性化营销（Personalized Marketing）：根据消费者的个人特征、偏好和行为，提供定制化的营销信息和体验。

智能供应链管理（Intelligent Supply Chain Management）：利用 AI 技术优化供应链的各个环节，如物流、仓储、配送等。

欺诈检测（Fraud Detection）：使用 AI 技术识别和防止欺诈行为，保护企业和客户利益。

智能金融（Intelligent Finance）：在金融领域应用 AI 技术，如智能投资顾问、风险评估、高频交易等。

AI 助手（AI Assistant）：利用人工智能技术提供信息、执行任务或辅助决策的软件系统。

自动化流程（Automated Process）：使用 AI 技术来自动执行以前由人工完成的一系列任务或流程。

预测模型（Predictive Model）：基于历史数据构建的统计模型，预测未来的结果或趋势。

智能自动化（Intelligent Automation）：结合 AI 技术的自动化流程，能够根据上下文或环境变化自适应地做出决策和调整。

智能决策支持系统（Intelligent Decision Support System, IDSS）：利用 AI 技术辅助决策过程，提供数据分析、预测和建议。

机器人流程自动化（Robotic Process Automation, RPA）：利用软件机器人模拟人类在计算机上执行的操作，以自动化重复性任务。

虚拟代理（Virtual Agent）：借助自然语言处理技术构建的 AI 系统，其典型表现形式为聊天机器人。

智能数据分析（Intelligent Data Analysis）：使用 AI 技术处理和分析大量数据，以揭示隐藏的模式、趋势和关联。

智能推荐引擎（Intelligent Recommendation Engine）：基于用户的行为和偏好，自动推荐相关内容、产品或服务的系统。

智能客户服务（Intelligent Customer Service）：利用 AI 技术提供自助服

务、客户支持和问题解决的解决方案。

AI 聊天机器人（AI Chatbot）：通过自然语言处理技术，模拟人类对话的聊天机器人，用于客户服务、销售支持等。

智能内容生成（Intelligent Content Generation）：利用 AI 技术自动创建文本、图像、视频等内容的过程。

AI 优化（AI Optimization）：使用 AI 技术来改进和优化业务流程、决策制定或产品设计。

自然语言生成（Natural Language Generation, NLG）：将机器可读的数据转化为人类可读的文本的过程。

智能商业智能（Intelligent Business Intelligence, IBI）：结合 AI 技术的商业智能解决方案，提供更深入、更智能的数据分析和见解。

AI 驱动的销售（AI-Driven Sales）：利用 AI 技术来识别潜在客户、预测销售趋势、优化销售策略等。

AI 驱动的营销（AI-Driven Marketing）：通过 AI 技术实现个性化营销、自动化营销流程、预测市场趋势等。

AI 驱动的供应链管理（AI-Driven Supply Chain Management）：利用 AI 技术优化库存管理、物流规划、订单处理等供应链流程。

[1] 胡琪，朱定局，吴惠粦，等. 智能推荐系统研究综述 [J]. 计算机系统应用，2022，31（04）：47-58.

[2] 周望. 基于机器学习的推荐系统关键技术及其应用研究 [D]. 成都：电子科技大学，2020.

[3] 符明晟. 基于深度学习的智能推荐技术研究 [D]. 成都：电子科技大学，2019.

[4] 朱毅. 基于深度学习的表示学习算法研究 [D]. 合肥：合肥工业大学，2018.

[5] 刘知远，孙茂松，林衍凯，等. 知识表示学习研究进展 [J]. 计算机研究与发展，2016，53（02）：247-261.

[6] 幸凯. 基于卷积神经网络的文本表示建模方法研究 [D]. 武汉：华中师范大学，2017.

[7] 户保田. 基于深度神经网络的文本表示及其应用 [D]. 哈尔滨：哈尔滨工业大学，2016.

[8] 田晓飞. 基于向量化的多场景召回方法研究与实现 [D]. 北京：北京交通大学，2021.

[9] 张韶. 基于机器学习的用户购买行为预测研究 [D]. 西安：长安大学，2020.

[10] 程锐. 基于用户行为特征预测用户的购买意愿和目标商品品类 [D]. 广州：华南理工大学，2020.

[11] 尹成语. 电商平台用户在线行为分析和意图预测 [D]. 南京：南京航空航天大学，2021.

[12] 李伊林，段海龙，林振荣. 数据平衡与模型融合的用户购买行为预测 [J]. 计算机应用与软件，2022.

[13] 蔡成闻. S- 粗集与数据筛选—过滤 [D]. 济南：山东大学，2008.

[14] 董博文. 基于深度特征挖掘的小样本学习方法研究 [D]. 合肥：合肥工业大学，2021.

[15] 陶志，胡柳 . 双向 S- 变精度优粗集模型及其应用 [J]. 模糊系统与数学，2020，34（04）：167-174.

[16] 池云仙，赵书良，李仁杰 . 基于包含度和频繁模式的文本特征选择方法 [J]. 中文信息学报，2018，32（08）：91-102.

[17] 陶志，胡柳 . 双向 S- 变精度优粗集模型及其应用 [J]. 模糊系统与数学，2020，34（04）：167-174.

[18] 徐原博 . 推荐系统中面向评分和文本数据挖掘的若干关键技术研究 [D]. 长春：吉林大学，2019.

[19] 张洁 . 个性化智能推荐系统研究 [D]. 济南：山东大学，2018.

[20] 狄宏林 . 智能仓库系统的研究与实现 [J]. 物流科技，2022，45（12）：50-58.